DON BOSCO

Cordula Pertler / Eva Reuys

Griechische Wochen – Ellinikes Evdomades

DON BOSCO

Herzlichen Dank an
Sophia und Dimitris Mouzakitis (Corfu)

und

Thalia Soupiadou und
Maria Stoimenou vom
Griechisch-Orthodoxen Metropolie
Kindergarten, München

Bibliografische Information Der Deutschen Bibliothek

Die Deutsche Bibliothek verzeichnet diese Publikation in der Deutschen Nationalbibliografie; detaillierte bibliografische Daten sind im Internet über http://dnb.ddb.de abrufbar.

1. Auflage 2005 / ISBN 3-7698-1512-2

Umschlag, Layout und Illustrationen: Margret Russer
Satz: undercover, Augsburg
Produktion: Don Bosco Grafischer Betrieb, Ensdorf

Gedruckt auf umweltfreundlichem Papier

INHALT

KALIMERA!

Griechenland mit seiner Jahrtausende alten Geschichte nennt man die „Wiege“ Europas. Hier entstand die erste Demokratie der Welt, Kunst und Philosophie prägten das Abendland. Viele Kulturen haben ihre Spuren hinterlassen. Griechenland zu besuchen, das bedeutet eine Reise zu Metropolen mit Museen, die großartige Kunstschätze bergen und zu antiken Stätten, die einzigartig sind.

Es ist auch eine Reise, die uns zu einer grandiosen Landschaft mit Bergen, Felsen und silbrig grünen Olivenhainen führt. Kleine, verschwiegene Sandbuchten wechseln sich an den Küsten ab mit lang gezogenen Stränden und laden zum Baden im glasklaren Wasser ein. Aufgereiht wie Perlen liegen unzählige Inseln im ägäischen Meer. Dörfer mit verwinkelten Gassen, urigen Tavernen und kleinen Fischerhäfen lassen Urlaubsträume wahr werden. Verlassene Windmühlen stehen malerisch in der Landschaft und sind Wahrzeichen mancher Gegend.

Griechenland ist auch ein Land der kulinarischen Genüsse. Vor allem die Vorspeisen, „Mezes“, sind in ihrer Vielfalt unübertroffen und einfach köstlich. Kinder, die ihre Ferien bereits in Griechenland verbracht haben, können sich bestimmt noch an das eine oder andere landestypische Gericht erinnern. Sei es Tsatsiki, ein Joghurt mit Gurke und Knoblauch, oder Gyros, Fleisch vom Drehspieß mit Kräutern, Tomaten und Zwiebeln. Beliebt ist auch das Nationalgericht Moussaka und griechischer Joghurt mit Honig und Nüssen als Dessert.

Da liegt es nahe, griechische Rezepte in der Kindertagesstätte nachzukochen. Manches davon kennen die Kinder bereits, anderes ist neu und will erst entdeckt werden. Eines ist sicher, mit frischen Zutaten selbst gekocht und in geselliger Runde verspeist, schmeckt garantiert jedes Gericht. Vielleicht gehören zur Kindergruppe auch Sophia, Christos oder Jannis und es macht Spaß herauszufinden, welche Gerichte sie lieben. Gerade in Kitas, wo Kinder unterschiedlicher Nationalitäten miteinander leben und spielen, ist es wichtig, einmal über den nationalen „Tellerrand“ zu schauen. Bekanntlich geht Liebe durch den Magen und das ist auch bei Kindern so.

Lena und Lukas, zwei deutsche Kinder, führen durch das Buch. Frau Schöne, Erzieherin in der Kita von Lena, besucht ihre Familie in Griechenland. Dabei vergisst sie „ihre“ Kinder zu Hause nicht. Postkarten, Briefe und typische Mitbringsel von dort geben den Kindern einen kleinen Einblick in die griechische Lebensweise. Begeistert lauscht auch Lena den Erzählungen von Frau Schöne und erzählt ihrem größeren Bruder davon. Bald wünschen sie sich nichts sehnlicher, als mit ihren Eltern nach Griechenland zu reisen. Ihr Wunsch geht in Erfüllung und eifrig lernen sie ein paar Worte Griechisch, um sich ein wenig verständigen zu können. Mit dem Finger auf der Landkarte suchen sie ihre Urlaubsinsel. Bald ist klar, dass sie mit dem Flugzeug und der Fähre anreisen. Auf der Insel angekommen, genießen sie den Strand und das Baden im Meer. Frühmorgens schon schauen sie den Fischern im Hafen bei ihrer Arbeit zu. Am Abend genießen sie bei ihrer freundlichen Gastfamilie ein typisch griechisches Abendessen. Zu Hause wollen sie das eine oder andere Rezept unbedingt mit ihren Freunden in der Kita nachkochen. Angeregt durch die Post von Frau Schöne haben sie tolle Ideen für eine passende Dekoration und natürlich fallen ihnen auch viele lustige Spiele zum Thema ein. Ganz klar, dass sich Lena und Lukas gerne von den griechischen Kindern ihrer Gruppe und deren Eltern sachkundig beraten lassen.

Lena und Lukas nehmen Sie und die Ihnen anvertrauten Kinder mit auf eine kulinarische Entdeckungsreise nach Griechenland – und wir wünschen Ihnen und Ihren Kindern jede Menge Freude und Genuss bei den „Griechischen Wochen“!

Viel Erfolg beim Nachkochen und guten Appetit, oder auf Griechisch „Kali orexi!“

Cordula Pertler und Eva Reuys

WIE SIE MIT DIESEM BUCH ARBEITEN KÖNNEN

Wir wollen mit unserem Buch vor allem Erzieher/-innen und Lehrkräfte ansprechen, die mit Kindern im Kindergarten- und Grundschulalter leben und arbeiten. Auch Eltern bietet es eine Fundgrube voller Ideen und Möglichkeiten.

In den nachfolgenden Kapiteln stecken viele Angebote für Kinder und Erwachsene. Wir möchten neugierig machen auf die Menschen in Griechenland und auf die griechischen Mitbürger, die mit uns Tür an Tür wohnen. Vor allem aber möchten wir bewusstes Interesse bei den Kindern dafür wecken, wie Griechen kochen und was sie genießen.

In kleinen Geschichten, die durch das Buch führen und Bilder von Griechenland wecken, können sich Ihre Kinder mit den Figuren „Lena und Lukas" identifizieren. Sie lauschen Ihren Erzählungen und reisen in der Fantasie mit den beiden an ausgewählte Orte, wo sie Interessantes und Schönes erleben und erfahren. Das weckt bei den Zuhörern eigene Erlebnisse und regt sie dazu an, selbst aktiv zu werden. In den Geschichten wird Wissen auf kindgemäße Weise an die Kinder weitergegeben, das sie dann spielerisch umsetzen. Die Lese- und Erzählkultur wird gefördert, denn die Lust, Geschichten zu hören oder selbst zu lesen, wird geweckt.

Jede dieser Geschichten ist in sich abgeschlossen, sodass sie unabhängig voneinander und ohne große Vorbereitung eingesetzt werden können. Sie sind auch als Informationsträger für Sie, liebe Erzieher/innen gedacht, damit Sie entsprechende Schwerpunkte setzen können.

Auch beim Backen und Kochen, dem wir ein großes Kapitel widmen, wird auf aktive Weise Wissen über Griechenland vermittelt. Sie können mit den Kindern einkaufen gehen und mit Freude unsere griechischen Gerichte nachkochen. Bei der Zusammenstellung der Rezepte haben wir auf folgende Aspekte gesetzt: Beliebtheit bei den Kindern, einfache kindgemäße Herstellung, kostengünstiger Einkauf und frische, gesunde Produkte.

Zu einem guten Essen gehört auch eine entsprechende Tischkultur, deshalb haben wir für Sie Ideen zusammengestellt, wie Sie die Tische und sogar die Räume dem Motto „Griechenland“ entsprechend mit den Kindern dekorieren können. Das Genießen der selbst gekochten Spezialitäten wird so zu einem kleinen Festessen.

Die Elternarbeit spielt bei diesem Projekt eine wichtige Rolle, deshalb richten sich unsere Spiele, Aktionen, das Kochen und der Minisprachkurs nicht nur an die Kinder, sondern beziehen auch die Eltern aktiv mit ein.

Wandeln Sie das Elterncafé in ein „elliniko kafé“ um und schaffen Sie so einen beliebten Treffpunkt für die Eltern.

Außerdem möchten wir Sie anregen, mit den Kindern einen Besuch in einem griechischen Feinkostladen zu machen und so „das Griechenland bei uns um die Ecke“ zu erkunden.

Wie Sie sehen, erwarten Sie in unserem Buch viele Anregungen und erprobte Methoden, wie Sie den Kindern Griechenland näher bringen und Eltern integrieren können. Das Buch gliedert sich in folgende Themenkreise:

- Reiseplanung
- Mini-Sprachkurs
- Raum- und Tischdekoration griechisch
- Reise nach Griechenland mit Flugzeug und Fähre
- Lena und Lukas in Griechenland
- Griechische Küche mit Rezepten, die Kinder mögen

In jedem Themenkreis finden Sie ausgewählte Spiele und Aktionen. Diese bereichern nicht nur Ihre „Griechischen Wochen“, das eine oder andere kann auch ein Highlight bei Festen wie Fasching, Muttertag und Sommerfest sein.

Angebote, die mit einem Pfeil (→) gekennzeichnet sind, werden jeweils an einer anderen Stelle im Buch ausführlicher beschrieben. Unsere Vorschläge richten sich nach dem ganzheitlichen Bildungsansatz, sind beliebig zu kombinieren, austauschbar und zu ergänzen, sodass Sie Ihre Arbeit individuell auf ihre Zielgruppe abstimmen können.

Vielleicht starten Sie sogleich eine Hobbygruppe, eine Projektwoche oder die Vorbereitungen für ein griechisches Fest!

GRIECHISCHE LEBENSART UND ESSKULTUR

Der Tag beginnt für die griechischen Kinder meist nur mit einem Glas Milch. Nach dem Mittagessen folgt eine längere Pause, die für die Erwachsenen mit einem Kaffee und für alle mit Süßigkeiten beendet wird. Frühestens um 22 Uhr wird zu Abend gegessen. Dabei genießt man an den heißen Sommertagen die abendliche Kühle.

Die traditionelle griechische Küche ist bodenständig-ländlich, schmackhaft und gesund. Die Griechen legen viel Wert auf frische Produkte. Wie in allen Ländern am Mittelmeer kocht man vorwiegend mit Olivenöl. Rosmarin, Thymian, Oregano, Minze und andere wildwachsende Kräuter geben den Speisen ihren unverwechselbaren mediterranen Geschmack und Duft.

Zu den Besonderheiten der griechischen Küche zählen die vielen fantasievollen Vorspeisen, „Mezes" genannt. Suppen sind vor allem in den Wintermonaten beliebt. Die berühmteste ist wohl die „Majiritsa", welche zu Ostern auf den Tisch kommt. Typisch für Griechenland sind auch Schmortöpfe mit aromatisch gewürztem Fleisch, gefülltes Gemüse und Aufläufe, delikat gefüllte Pasteten und die Süßigkeiten aus Honig. Lamm und Hammel haben Vorrang bei allen Fleischgerichten. Doch es wird auch Schwein, Rindfleisch und Geflügel schmackhaft zubereitet.

Es gibt viele Molkereiprodukte aus Schafs- oder Ziegenmilch. Bekannt ist der griechische Joghurt aus Schafsmilch. Mit Gurke und Knoblauch wird er zum Tsatsiki, in einer süßen Variante mit Honig und Nüssen zum Dessert. Die Griechen lieben ihren Feta, das ist Schafskäse in einer Salzlake eingelegt, über alles. Er spielt nahezu bei jeder Mahlzeit und bei jedem Gericht eine Rolle. Man füllt damit Pasteten, würfelt ihn auf den gemischten Salat und richtet ihn mit Tomatenscheiben und Oliven an. Auch zu Fischgerichten und Krustentieren wird er gereicht.

Neben Fleischgerichten haben Fischgerichte in einem Küstenland wie Griechenland eine große Tradition.

Zu allen Mahlzeiten wird Leitungs- oder Mineralwasser und meist Hauswein in Karaffen kredenzt. Zum Nachtisch stellt man eine Schale frisches Obst auf den Tisch. Abends, wenn die „Volta", die Flanierstunde durchs Dorf, beginnt, holt man sich beim Konditor köstliche Süßigkeiten und genießt sie beim Spaziergang.

Jede griechische Hausfrau hat für den Gast, ob angemeldet oder überraschend, etwas Süßes wie Kekse oder ein Stück Kuchen im Haus.

Wenn die Griechen abends ausgehen, sind die Kinder stets mit von der Partie. In den heißen Sommermonaten dürfen sie bis spät in die Nacht aufbleiben, auf Straßen und Plätzen spielen und sich vergnügen.

Man trifft sich in einer Taverne oder in einem Restaurant. Ein traditioneller Ort zum Abendessen ist auch die „Ouzeri", wo Anisschnaps, Wein und Bier ausgeschenkt werden. Stets gibt es zu den Getränken auch eine Kleinigkeit zu essen. Meist sind es ein paar Oliven, aber auch Gurken, Tomaten, Käsewürfel oder ein Schälchen Nüsse. Oft aber trägt man vielerlei kleine Gerichte, die „Mezes", auf. Früher war es in jeder Taverne üblich, in die Küche zu gehen, und sich dort vom Herd, wo es verführerisch aus den Töpfen duftet, die Speisen auszuwählen. Heute ist der traditionelle Gang in die Küche aus hygienischen Gründen leider nicht mehr überall geduldet. In einer Tischgemeinschaft bestellt man immer mehrere verschiedene Speisen, die der Kellner dann alle auf einmal bringt. Eine bestimmte Reihenfolge für das Servieren gibt es nicht. Vorspeisen, Salate und Hauptgerichte, ob warm oder kalt, werden zugleich gebracht. – Der Tisch scheint sich fast zu biegen unter all den Tellern und ovalen Platten und jeder probiert von den Köstlichkeiten. Auch, wenn es noch so schmeckt, aus Höflichkeit isst man die Platten und Teller nicht leer. Der Abend ist lang und bei griechischer Musik wird geschlemmt, erzählt und gelacht.

Das Café, auf Griechisch „Kafenion", ist in den Dörfern noch immer der Treffpunkt der Männerwelt. Griechische Frauen sind im Kafenion nicht anzutreffen. Sie respektieren damit, nach alten Traditionen, dieses Männerrefugium. In den größeren Städten ersetzen zunehmend Kaffeebars das Kafenion. Sie sind Treffpunkt vor allem für jüngere Leute. Wenn man original griechischen Kaffee, das starke, schwarze Mokkagebräu in winzigen Tassen, genießen möchte, muss man ausdrücklich „elliniko kafé" oder „Greek Coffee" verlangen.

Frau Schöne kehrt aus dem Urlaub zurück

Einstimmung

Begrüßen Sie die Kinder zu Beginn Ihres Erzählkreises auf Griechisch mit „Jia sas, kalimera akriva mou pedia"! (Hallo, guten Tag, liebe Kinder) und lassen Sie diese mit „Kalimera Kiria ...!" „Guten Tag Frau ..." antworten. Das kann zu einem schönen Ritual während der Griechischen Wochen werden. Stellen Sie dann in die Mitte einen Eierkarton mit frischen Feigen und, falls Sie das Thema Früchte hervorheben wollen, halten Sie in einem Körbchen einen getrockneten Feigenkranz bereit. Mit Bildern von Schiffen, einer Fähre und von griechischen Inseln als Anschauungsmittel können Sie das Thema „Reisen" in den Vordergrund stellen.

Erzählung

Gespannt lauschen Lena und all die anderen Kinder in der Kita den Erzählungen von Frau Schöne. Ihre Erzieherin verbrachte, wie schon die letzten Jahre, die Ferien in Griechenland. Dort besucht sie stets mit ihrer Familie die Verwandten ihres Mannes, die auf einer kleinen Insel mitten im blauen Meer leben. „Das sind für mich immer die schönsten Wochen des Jahres", sagt sie. Meistens fahren sie den langen Weg bis zum Meer mit dem Auto, dann brauchen sie eine Fähre, um auf die Insel zu kommen. „Natürlich geht das mit dem Flugzeug viel, viel schneller, aber alleine der Weg, die Landschaft und die Reise über das Meer haben schon etwas Besonderes", erzählt Frau Schöne gerne. „Außerdem kann ich im Auto viele Mitbringsel für die Verwandtschaft verstauen und auf dem Rückweg bleibt sowieso kein Eckchen mehr frei."

An diesem Tag begrüßt sie die Kinder auf Griechisch, das macht sie immer, wenn sie aus Griechenland kommt: „Jia sas, Kalimera sas akriva mou pedia!", sagt sie, was auf Deutsch heißt: „Hallo, guten Tag, liebe Kinder!" Und die griechischen Kinder antworten auch gleich mit „Kalimera Kiria Schöne!" (Guten Tag, Frau Schöne!) Geheimnisvoll holt Frau Schöne aus ihrem Körbchen zwei Eierkartons heraus. Seht mal, was ich euch aus Griechenland mitgebracht habe", sagt sie und fragt die Kinder „Was könnte da wohl drinnen sein?" „Eier, natürlich Eier!" rufen die Kinder. Aber in den Eierkartons liegen nicht wie üblich Eier, sondern zarte, saftige Feigen, frisch vom Baum. Christos, ein griechischer Junge ruft sogleich: „Das sind Feigen, die heißen bei uns ‚Sika', die kenne ich." „Ja, genau und die habe ich selbst vom Baum gepflückt", erzählt Frau Schöne „und damit sie die Reise im Auto gut überstehen, hat sie mir meine Schwiegermutter in Griechenland in diese Kartons gepackt."

Dann holt sie aus ihrem Korb wunderschöne Fotos von den Feigenbäumen, die vor ihrem Haus in Griechenland wachsen. Zur weiteren Überraschung pflückte sie noch ein paar Feigenblätter vom Baum, die so groß sind wie Kastanienblätter. Frau Schöne reicht die Mitbringsel im Kreise herum und ein paar Kinder fragen sogleich: „Oh, dürfen wir die Feigen essen?" „Natürlich, aber erst einmal wollen wir sie aufschneiden und genauer anschauen. Dann müsst ihr unbedingt auch daran riechen. Die erste Feige schneidet Frau Schöne in vier Stückchen, die anderen zerkleinern die Kinder mit einem Messer auf einem Holzbrettchen selbst. „Wie schön rosa sie innen sind", sagt Lena und einem anderen Kind fällt auf: „Sie sehen fast so aus wie Kiwis, nur dass die ja grün sind". Frau Schöne wünscht den Kindern guten Appetit und sagt das auf Griechisch: „Kali orexi!" Zum Glück übersetzt Christos gleich „Guten Appetit", sonst hätte keines der Kinder gewusst, was Frau Schöne damit meint.

Mit geheimnisvollem Blick holt sie dann einen Kranz getrockneter Feigen aus ihrem Korb und sagt: „Diese habe ich im Supermarkt hier um die Ecke gekauft." Lena ruft: „Die kenne ich, diese Feigen bringt uns immer der Nikolaus!" „Ja, und diese haben einmal genau so ausgesehen wie die frischen. Die Griechen trocknen die Feigen viele Stunden in der Sonne, fädeln sie auf, und binden sie dann zu kleinen Kränzchen. Auf diese Weise bleiben sie länger haltbar und so haben die Menschen im Winter auch noch Früchte, wenn an den Bäumen keine mehr wachsen. Die kann man sogar noch an Weihnachten essen", sagt Christos und Carolin stellt beim Probieren fest: „Die sind ja noch viel süßer als die frischen!"

„So, nun ist alles vernascht! – Aber liebe Kinder, ich habe euch noch Vieles aus Griechenland mitgebracht. Für morgen verrate ich nur so viel", sagt Frau Schöne und gibt den Kindern folgendes Rätsel auf:

„Hat ein Häuschen hart wie Stein,
doch was drin ist, das schmeckt fein!"

Lena kommt nach Hause und erzählt ihrer Mutter und ihrem Bruder Lukas gleich von ihren Erlebnissen in der Kita. „Ach Mami, ich bin so neugierig auf das, was uns Frau Schöne für morgen aus Griechenland mitgebracht hat. Am liebsten möchte ich, dass heute schon morgen ist." Dann sagt sie das Rätsel auf: „Hat ein Häuschen hart wie Stein, doch was drin ist, das schmeckt fein". Beide, Mama und Lena lachen, denn sie haben gleich gewusst, worum es in diesem Rätsel geht.

TIPPS

Mit dieser Geschichte stimmen Sie die Kinder auf das Thema „Reisen nach Griechenland" ein. Den griechischen Kindern macht es dabei großen Spaß mit ihrem Wissen zu glänzen. Lena und Lukas, die in diesen Geschichten immer eine wichtige Rolle spielen, dienen als Identifikationsfiguren. Dadurch werden die Kita-Kinder neugierig auf Griechenland und auf alles, was das Thema in der nächsten Zeit bringen wird.

Die Früchte, die in diesem Text erwähnt sind, können Sie auch beliebig variieren oder ergänzen, denn sicher sind frische und getrocknete Weintrauben wie auch Aprikosen für die Kinder genauso interessant wie beispielsweise die Feigen. Vielleicht setzen Sie diese Geschichte auch als Aktion ein. Realisieren Sie zum Beispiel diese Erzählung Schritt für Schritt: Das Fühlen, Riechen und ganz besonders das Essen der Früchte. Das macht den Kindern Spaß – und natürlich auch das Rätselraten um die Nuss. Mit den anschließenden „Nuss- und Früchtespielen" setzen sich Freude und Genuss über die Sinne fort und das Thema Griechenland rückt mehr und mehr in den Mittelpunkt des Kita-Alltags.

SPIELE UND AKTIONEN

Wandzeitung für Eltern: „Was fällt mir zu Griechenland ein?"

Diese Aktion soll die Eltern auf die Griechischen Wochen einstimmen und motivieren mitzumachen. Typisches, was man mit Griechenland verbindet, kann jeder Mitspieler zuordnen. Mancher greift dabei auf Erinnerungen aus dem Urlaub zurück. Und so wird die Wandzeitung in Ihrer Kita sicher nicht lange leer bleiben, sondern bald zu einem bunten griechischen Kaleidoskop!

Das braucht man
1 großes Plakat mit einer Abbildung der griechischen Flagge, Edding-Stifte in verschiedenen Farben

So wird's gemacht
Das Plakat mit der Landes-Flagge hängt an der Dielenwand. Daneben ist folgende Information für die Eltern angebracht: „Liebe Eltern, wie Sie bereits wissen, ist in unserer Kindertagesstätte zur Zeit *Griechenland* das Thema Nummer „1"! Was fällt Ihnen alles dazu ein? Wir, das Kita-Team, freuen uns, wenn Sie Ihre Erinnerungen und Gedanken dazu rund um die Flagge schreiben. –

Vielen Dank! und „efcharisto"!

Griechenland-Memory

Bei diesem Spiel können Kinder Landschaften und Sehenswürdigkeiten Griechenlands kennen lernen. Interessant sind auch Abbildungen von Menschen in ihrer Landestracht. Die Kinder freuen sich auch über Fotos von Tieren, die für Griechenland typisch sind wie Katzen, Schafe, Ziegen und Esel.

Spielvorbereitung
Sammeln Sie mindestens 10 Ansichtskarten mit verschiedenen Motiven. Diese werden zweifach kopiert auf stärkerem Papier. In gleicher Größe ausgeschnitten, dienen sie als Memory-Spielkarten.

Spielregel
Die Karten werden gemischt und die Motive verdeckt auf den Tisch gelegt. Gespielt wird nach den allseits bekannten Regeln des Memory.

Quizfrage des Tages für die Eltern

Quizshows im Fernsehen sind nach wie vor im Trend und Quizspiele und -bücher sind äußerst beliebt. Greifen Sie die allgemeine Begeisterung auf und veranstalten Sie in der Kita Ihre eigene Quizrunde für Eltern.

Das wird gebraucht

Riesiges Fragezeichen aus Pappe, bemalt in den landestypischen Farben weiß-blau, Plakat mit Informationstext für die Eltern, Teilnehmerkarten mit folgenden Angaben: Wochentag / Ihren Namen / Lösungswort. Schachtel mit Schlitz zum Einwerfen der Lösungskarten. 5 Plakate im DIN A2 Format, Edding-Stifte, kleine Preise wie eine Olivenseife, ein Kräutertöpfchen oder griechisches Gebäck

So wird's gemacht

Ein riesiges Fragezeichen an der Dielenwand erweckt sicher allgemeine Aufmerksamkeit und lenkt die Blicke auf die daneben stehende Information:

„Liebe Eltern, heute beginnt der Start für unser Griechenland-Quiz. Jeden Tag gibt es eine neue Frage, wobei nur eine von drei möglichen Antworten richtig ist. Schreiben Sie den Wochentag, Ihren Namen und das Lösungswort auf beiliegende Karte und werfen Sie diese in die bereitstehende Schachtel. Sind alle Antworten richtig, nehmen Sie am Ende der Quizrunde an der Ziehung teil. Wir ziehen drei Gewinner, auf die kleine Preise warten!“

Schreiben Sie die Frage des Tages und mögliche Antworten mit großen Buchstaben auf ein Plakat, das neben der Anleitung zur Quizrunde seinen Platz findet. Am Ende des Quizspiels sortieren Sie die falschen Antworten aus, dann erfolgt die Ziehung. Die Namen der Gewinner werden auf dem Plakat neben dem Fragezeichen veröffentlicht und der Gewinn selbstverständlich persönlich überreicht. Das kann als kleine Siegerehrung auch Programmpunkt eines griechischen Festes sein.

Beispiele für Fragen
Montag: Die gültige Währung in Griechenland ist
a) Euro, b) Drachmen, c) Lira
(Lösungswort: a)

Dienstag: Reife Oliven sind
a) schwarz, b) violett, c) grün
(Lösungswort: a)

Mittwoch: Eine Agora war in der Antike
a) ein Tempel, b) ein Marktplatz, c) der Innenhof eines Hauses
(Lösungswort: c)

Donnerstag: Moussaka ist
a) ein Brettspiel, b) eine Speise, c) ein Musikinstrument
(Lösungswort: b)

Freitag: Dionysos ist der Gott
a) der Weisheit, b) des Meeres, c) des Weines
(Lösungswort: c)

Quizspiel für Kinder

Bieten Sie dieses Spiel erst gegen Ende der „griechischen Wochen" an, da die Kinder zunächst Wissen über das Land gesammelt haben müssen und es ihnen dann großen Spaß macht, dieses unter Beweis zu stellen.

Das braucht man
Einen selbst angefertigten Spielplan, verschieden farbige Spielfiguren, Zahlenwürfel und Fragekarten

Herstellung des Spiels
Auf einen Fotokarton Spielfelder oder -kreise vom Start bis zum Ziel aufmalen. Einzelne Felder werden mit aufgemalten Fragezeichen zu

Ereignisfeldern. Für jedes dieser Felder wird auf jeweils eine Karte eine Frage geschrieben. Der Schwierigkeitsgrad orientiert sich am Alter und Wissen der Kinder. Vieles, was die Kinder bei den Geschichten mit Lena und Lukas oder bei den verschiedenen Aktionen erfahren haben, können sie bei diesem Quiz zum Besten geben.

Spielverlauf

Die Fragekarten gut vermischen und verdeckt auf den Tisch legen. Jedes Kind wählt eine Spielfigur in der gewünschten Farbe und stellt diese auf das Startfeld. Wer die höchste Zahl hat, beginnt das Spiel. Weiter geht es im Uhrzeigersinn. Vorgerückt wird nach der Höhe der gewürfelten Zahlen. Trifft die Figur auf ein Spielfeld mit Fragezeichen, wird die erste Karte aufgedeckt und die Frage vorgelesen. Kann das betreffende Kind diese beantworten, darf es noch einmal würfeln und entsprechend weiter rücken. Falls es keine richtige Antwort weiß, muss es eine Runde aussetzen. Als Regel kann vereinbart werden, dass für die Beantwortung eine bestimmte Zeit eingehalten werden muss. Sieger ist natürlich, wer als erster das Ziel erreicht hat.

Beispielfragen

- Was heißt auf Griechisch „Guten Appetit"?
- Nenne einen griechischen Mädchen-/Jungennamen
- Nenne drei Zutaten, für eine Mousaka
- Mit welchen Verkehrsmitteln sind Lena und Lukas zur griechischen Insel gereist?
- Wie sieht die griechische Flagge aus?
- Wie heißt die griechische Joghurtspeise mit Gurke und Knoblauch?
- Nenne drei Regeln zum Kochen
- Welche Farbe haben reife Oliven?
- Wie heißt der freche Kater, der den Fischern den Fisch klaut?

Spiel: Die verzauberte Nuss

Legen Sie, je nach Alter der Mitspieler, fünf bis zehn Walnüsse auf einen Teller. Ein Kind muss sich so lange umdrehen, bis ein anderes eine Nuss berührt und diese dadurch verzaubert hat. Nun darf sich das Kind wieder dem Teller zuwenden und eine Nuss nach der anderen vom Teller nehmen. Nimmt es die verzauberte, rufen alle „Stopp“ oder auf Griechisch „stamata“! Die nun fehlenden Nüsse werden ergänzt und der nächste Spieler ist an der Reihe. Wenn alle dran waren, zählt jeder seine Nüsse. Wer die meisten hat, ist Sieger. Gemeinsam werden alle Nussschalen geknackt und die Kerne genüsslich verspeist.

Springende Nüsse

Malen Sie auf einen Karton einen Kreis von etwa 20 cm Durchmesser und legen Sie in seine Mitte ca. 30 Walnüsse dicht an dicht. Pro Spielrunde erhält jeder Mitspieler eine Nuss. Bevor das Spiel beginnt, wird die Anzahl der Spielrunden vereinbart. Reihum tritt nun ein Kind nach dem anderen an den Kreis mit den Nüssen heran und lässt aus ca. 1 m Höhe seine Nuss auf die im Kreis fallen. Alle Nüsse, die dabei über die Kreislinie hinausspringen, darf es behalten. Sieger ist, wer am Schluss die meisten besitzt.

Kostprobe mit Feigen

Die meisten Kinder kennen getrocknete Feigen aus der Weihnachtszeit. Frische Feigen dagegen sind nur wenigen bekannt. Während der Sommermonate reifen sie in den sonnenverwöhnten Mittelmeerländern, eben auch in Griechenland.

Das braucht man

Frische Feigen, getrocknete Feigen, Eierkarton, Schneidebrett, Messer, kleine Teller, evtl. Feigenblatt oder Abbildung eines Feigenbaumes

So wird's gemacht

Legen Sie, wie „Frau Schöne“ in der Geschichte, die frischen Feigen in einen Eierkarton und lassen Sie die Kinder raten, was sich wohl darin verbirgt. Nachdem alle mit großer Wahrscheinlichkeit den wahren Inhalt nicht erraten und auf Eier tippen, öffnet ein Kind vorsichtig und mit Spannung den Karton. Die Überraschung ist gewiss, denn sicher hat niemand Früchte im Eierkarton vermutet. Nachdem jedes Kind eine Feige genau betrachtet hat, schließt es die Augen und riecht daran. Danach werden die Feigen aufgeschnitten, die Kinder bewundern das Innenleben und genießen die Kostproben.

Kinder, die getrocknete Feigen kennen, werden Vergleiche ziehen. Zeigen Sie ihnen einen getrockneten Feigenkranz und jeder, der möchte, darf auch davon probieren. Zur Ergänzung schauen sie das Foto eines Feigenbaumes oder eines Feigenblattes an. – Oder, vielleicht haben Sie sogar ein echtes Feigenblatt vom letzten Urlaub mitgebracht.

Als Alternative zu Feigen bieten sich auch andere Früchte an, wie frische und getrocknete Aprikosen oder Pflaumen, Weintrauben und Rosinen.

Mini-Sprachkurs

TIPPS

Lena und Lukas haben ihren Spaß daran, Griechisch zu lernen. Das steckt an und stimmt die Kinder auf den Mini-Sprachkurs ein. Neugriechisch ist eine schöne, aber für uns schwierige Sprache und das

griechische Alphabet unterscheidet sich deutlich von unserem. Für alle Nicht-Griechen ist es hilfreich, dass Wörter in griechischer Schrift lautlich in entsprechende lateinische Buchstaben umgesetzt wurden. Dies führt jedoch dazu, dass ein und derselbe Begriff unterschiedlich geschrieben wird. Bei der Aussprache ist die richtige Betonung des jeweiligen Wortes wichtig, um wirklich verstanden zu werden.

Bekanntlich genügen schon wenige Worte in der Landessprache, um das Gefühl von Fremdsein zu überwinden und Freunde zu gewinnen.

Die Kinder begegnen einer fremden Sprache mit Neugierde und Offenheit. Sie wollen wissen wie das eine oder andere Wort auf Griechisch heißt und wie es ausgesprochen wird.

Die Präsenz und Wertschätzung verschiedener Sprachen in der Kita werden den Kindern so als selbstverständlich vermittelt. Auch mit griechischen Liedern und Musikaufnahmen stimmen Sie die Kinder auf die fremde Sprache ein.

Motivieren Sie Griechisch sprechende Kollegen und Eltern ein kleines Obst- und Gemüsetheater für die Kinder aufzuführen. Die deutschsprachigen und Kinder anderer Nationalitäten verstehen sicher nicht jedes einzelne Wort, sie können jedoch das Wesentliche der Geschichte erfassen, wenn sie kurz vor der Aufführung den Inhalt erklärt bekommen. Mit Begeisterung verfolgen sie das Spiel mit den lustigen Gemüsepuppen und lauschen der Klangfarbe und Melodie der fremden Sprache.

Beim Erzählen der Geschichten von Lena und Lukas, bei gemeinsamen Aktionen und Spielen eignen sich die Kinder auf spielerische Weise einen kleinen Wortschatz an. Die Begrüßung und Verabschiedung auf Griechisch wird in der Kita zum täglichen Ritual und das „Kali orexi!" beim Mittagessen zur Selbstverständlichkeit.

Namenspiel

Die Kinder sitzen im Kreis und begrüßen sich mit einem „Kalim**e**ra!" (Guten Tag!) oder mit einem „**Jia** su!" (Hallo! Grüß Dich!).

Ein Kind steht in der Mitte und wirft oder rollt einem Kind einen Ball zu mit den Worten:
„Ich heiße Despina! Wie heißt Du?", auf Griechisch: „Me l**e**ne D**e**spina! Pos se l**e**ne?" Das Kind, das den Ball erhalten hat, antwortet und geht dann in die Mitte, während sich das andere auf den frei gewordenen Platz setzt. Das Spiel geht weiter, bis alle Kinder mindestens einmal in der Mitte waren.

Begrüßungsspiel

Die Kinder bewegen sich zu griechischer Musik frei im Raum. Bei den kurzzeitigen Unterbrechungen bleiben die Kinder stehen und erhalten verschiedene Aufgaben:

- Schüttelt so viele Hände wie möglich
- Begrüßt euch mit dem kleinen Finger
- Begrüßt euch mit einer Umarmung
- Begrüßt euch auf Griechisch mit „**jia** su" oder „kalim**e**ra"
- Fragt die anderen Kinder auf Griechisch wie es ihnen geht!

  (Frage: Hallo, wie geht es dir? „**Jia** su, ti k**a**nis?" oder Geht es dir gut? „**I**sse kal**a**?"; Antwort: Gut! „kal**a**")

Griechisches Hatschi Patschi

Ein Kind, z.B. Lena verlässt den Raum. Die anderen Kinder sitzen im Stuhlkreis. Sie überlegen gemeinsam, wer der „Hatschi Patschi" sein soll. Lena wird herein gerufen, geht zu einem im Kreis und sagt: „Ich bin Lena, wer bist du?". Das betreffende Kind nennt seinen Namen. Lena begrüßt weitere Kinder, die ebenfalls ihren Namen nennen, bis sie zu „Hatschi Patschi" kommt. Dieses Kind sagt: „Ich bin Hatschi Patschi!" Dann tauschen alle Kinder die Plätze. Auch Lena sucht sich schnell einen freien Stuhl. Wer keinen Platz bekommt, verlässt als nächstes den Raum.

Variation mit griechischen Kindernamen

Nach einem gemeinsamen „**Jia** su!" oder „Kalim**e**ra!" wird überlegt, welche Vornamen griechische Kinder haben. Dabei wird klar, dass es einige Namen nur in Griechenland gibt, wie beispielsweise Vassilios, Angelos und Kostas für Jungen. Für die Mädchen, Despina oder Aphroditi. Für viele Namen findet sich auch die deutsche Variante. So wird zum Beispiel bei den griechischen Jungen aus dem Antonius ein Anton, aus dem Nikolaos ein Klaus, aus dem Michalis ein Michael. Bei den Mädchen wird Eleni zu Helene, Nicoletta zu Nikola oder auch zu Nicole, Angelici zu Angela, Ioana zu Johanna.

In Griechenland hängt man die Endungen, wie „-rula" oder „-tula" an den Mädchennamen, diese Silben bedeuten eine Verniedlichung des Namens, der so zum Kosenamen wird. So heißt dann eine Barbara – Barbarula und nicht selten ruft man nur nach „Rula". – Zum Beispiel werden nicht selten Aphroditi, Dimitra und Margarita gleich zu „Tula". – Und schließlich aus allen Mädchen „Tulas" und „Rulas".

Doch auch internationale Namen wie Sofia, Katharina, Barbara, Alexandra, Maria, Eva, Dorothea, Melanie sind in Griechenland gebräuchlich.

Alle Kinder legen sich einen griechischen Namen zu und starten das Spiel mit oben beschriebener Regel.

Wörterplakat für Schulkinder

Matheno ellinika – Ich lerne Griechisch
Die Kinder fragen: „Was heißt dieses oder jenes Wort auf Griechisch?“ Auch bei den Geschichten von Lena und Lukas hören sie neugriechische Wörter und Redewendungen. Damit sich die Wörter einprägen und nicht so schnell vergessen werden, gestalten die Kinder mit Unterstützung der Erwachsenen und griechisch sprechenden Kinder ein Plakat mit griechischen Vokabeln und den dazu gehörenden deutschen Wörtern. Da Griechisch für uns schwer zu erlernen ist, reicht ein kleiner Grundwortschatz.

Die Kinder gestalten das Plakat fantasievoll aus. Die Landesflagge in den Farben Weiß und Blau und eine Collage aus Bildern mit griechischen Landschaften machen das Plakat zu einem Blickfang für Kinder und Besucher der Kita.

Ja	n**e**
Nein	**o**chi
Hallo	**jia** su
Guten Morgen	kalim**e**ra
Guten Abend	kalisp**e**ra
Gute Nacht	kalin**i**chta
Auf Wiedersehen	ad**i**o
Bitte	parakal**o**
Danke	efcharist**o**
Wie geht es dir?	ti k**a**nis?
Es geht mir gut!	kal**a** im**e**
Ich habe Hunger	pin**a**o
Ich habe Durst	dips**a**o
Guten Appetit!	kali orexi
Prost	**jia** mas

Ena, dio, tria

Zu den täglichen Aufgaben einer Gruppenleiterin gehört es, eine Anwesenheitsliste zu führen. Die Namen der Kinder werden aufgerufen und dabei wird festgestellt, wer fehlt. Dann zählen die Kinder, wie viele an diesem Tag da sind. Gerne und mit Stolz übernehmen sie diese Aufgabe und in den griechischen Wochen selbstverständlich auf Griechisch! Mit Unterstützung der Gruppenleiterin und der griechisch sprechenden Kinder klappt das recht gut.

1 ena, 2 – dio, 3 – tria, 4 – tessera, 5 – pende, 6 – exi, 7 – efta, 8 – okto, 9 – ennea, 10 – deka – 11 – endeka, 12 – dodeka, 13 – dekatria, 14 – dekatessera, 15 – dekapende, 16 – dekaexi, 17 – dekaefta, 18 – dekaokto, 19 – dekaennea, 20 – ikossi, 21 – ikossiena, 22 – ikossidio usw.

Obst- und Gemüsetheater
a) Eltern spielen für Kinder

Laden Sie Griechisch sprechende Eltern ein, ein kleines, improvisiertes Theaterstück für die Kinder in griechischer Sprache vorzubereiten.

Ein Theater mit Früchten oder Gemüse hat seinen ganz besonderen Reiz. Gleich vorweg sei betont, dass die Lebensmittel nicht „nur" zum Spielen benutzt und anschließend gar weggeworfen werden. Es geht vielmehr darum, mit dem Gemüse oder Obst zu agieren, bevor es verzehrt wird.

Das braucht man
Vorzugsweise Obst und Gemüse, das auch in Griechenland heimisch ist. Obst: Äpfel, Aprikosen, Trauben, Feigen. Gemüse: Okra-, Paprika-, Chilischoten, Zwiebeln, Rüben, Lauch, Kohl, Zucchini, Tomaten, Erbsen, Kräuter.

Zum Ausgestalten: Perlen, Bast, Knöpfe, Stoff- und Filzreste, Zahnstocher, Stecknadeln

Zum Führen der Figuren: Gabeln, Holzspieße

Bühne: Dafür eignet sich ein Kasperltheater, ein seitlich gekippter Tisch oder eine quer gespannte Schnur, über die ein Tuch gehängt wird.

So wird's gemacht

Mit ein paar Handgriffen werden Erbsen, Perlen oder Knöpfe zu Augen; Kräuter, Wolle oder Bast zu Haaren; Stoff- und Filzreste zum Umhang und Kohlblätter zu Flügeln. Zum Befestigen verwenden Sie Zahnstocher oder Stecknadeln.

Mit zwei Kohlblättern als Flügel wird eine Rübe zu einem seltsamen Vogel. Dem hochgewachsenen Lauch verleiht eine kleine Fliege aus Filz ein würdiges Aussehen und der Tomate mit ihren Perlenaugen steht vortrefflich ein Hut aus einem Kohlblatt. Allein die Auswahl und Gestaltung der Früchte macht Spaß. Es wird kreativ experimentiert, bis eine neue Figur entsteht. Zur Handführung steckt man noch eine Gabel oder ein Holzspieß hinein und die Probe für die Aufführung kann beginnen.

Anregungen zum Spiel

Da das Gemüsetheater in griechischer Sprache aufgeführt wird, bekommen die Kinder zuvor eine kleine Inhaltsangabe. Auch wenn die Kinder nicht jedes Wort verstehen, erfassen sie das Wesentliche der Geschichte und haben ihren Spaß daran.

Für das Spiel selbst reichen kleine Bewegungen, eine angedeutete Umarmung, ein Küsschen, ein kleines Tänzchen oder ein kurzes Gespräch und alles lacht.

Hinweis: Vergessen Sie nicht, sorgfältig Stecknadeln, Hölzer und anderes zu entfernen, bevor Sie das Obst und Gemüse zum Essen weiter verarbeiten!

Obst- und Gemüsetheater
b) Kinder spielen für Kinder

Hoch motiviert von der Vorführung der Erwachsenen macht es den Kindern großen Spaß, selbst Gemüsetheater zu spielen. Dafür benutzen sie zunächst die lustigen Puppen der Erwachsenen, spielen nach, was sie gesehen haben und erfinden Neues. Vielleicht erinnern sie sich auch an die eine oder andere griechische Redewendung. Die Puppen begrüßen sich mit „**jia** su" oder „kalim**e**ra" und verabschieden sich mit einem „ad**i**o". Artig bedanken sie sich für ein kleines Tänzchen oder ein Kompliment mit einem „efcharist**o**".
Natürlich darf auch die Frage nach dem gegenseitigen Befinden nicht fehlen. „Ti kan**e**te? – Wie geht's?" fragt die Paprikadame ihre Tomatenfreundin und diese erwidert: „Kal**a** im**e**!" – „Danke gut!" Einmal vom Spielfieber gepackt, möchten die Kinder sicher ihre eigenen Figuren aus Obst und Gemüse herstellen und vorspielen.

Post aus Hellas

Einstieg

Begrüßen Sie die Kinder wie immer zu Beginn Ihrer Erzählrunde, mit „Jia sas Kalimera sas akriva mou pedia“ und überreichen Sie ihnen einen der „Briefe von Frau Schöne“, der mit einer besonderen Überraschung (Sand, Bouganville-Blüten, Muscheln) gefüllt ist. Dann leiten Sie zu folgender Geschichte über, sie wird die Kinder anregen, selbst aktiv zu werden.

Erzählung

In den nächsten Tagen dreht sich in der Kita alles um Griechenland. Denn je mehr Frau Schöne von ihrer Urlaubsreise an Überraschungen mitbringt, umso neugieriger werden die Kinder. Eines Vormittages kommt der Postbote in die Kindergruppe und überbringt ihnen eine Ansichtskarte, die Frau Schöne ihren Kindern aus dem Urlaub geschrieben hat. Kaum zu fassen, jeden Tag wirft der Postbote eine weitere in den Hausbriefkasten. Als nach einer Woche ein schöner Stapel bunter griechischer Karten zusammengekommen ist, spannt Frau Schöne quer durch das Zimmer eine Schnur und holt dann mit ein paar Kindern Wäscheklammern aus dem Keller. Nacheinander hebt sie Kinder hoch, die dann die Postkarten aufhängen. In der nächsten Zeit kommen keine Karten mehr aus Griechenland, aber jeden Tag ein besonderer Brief für die Kinder. Frau Schöne hatte in jeden eine neue Überraschung gepackt. Einmal kommt ein etwas größerer Umschlag an, gefüllt mit Sand und einem Zettel auf dem mit großen Buchstaben „AMOS“ geschrieben steht. Als Frau Schöne das vorliest, übersetzt Spiros, ein griechischer Junge: „Das heißt Sand“. An einem anderen Tag stecken ein paar schmale silbergrüne Olivenblätter im Umschlag und wieder ein Zettel, auf dem ein Baum gemalt ist und „Elia“ steht. Spiros weiß gleich wieder Bescheid: „Das bedeutet Olivenbaum“. Auch hatte Frau Schöne einmal daran gedacht, die herrlich pinkfarbenen Blüten der Bouganville, fein gepresst, zu verschicken. Heute aber reicht Sie einen etwas sonderbaren Brief herum, den sie gerade mit ein paar Kindern aus dem Briefkasten gefischt hatte. Neugierig schauen alle in den

Umschlag und finden nichts, absolut gar nichts. „Wieso ist da nichts drinnen?“ rätselt Lena laut und Frau Schöne antwortet sogleich: „Kinder in diesem Umschlag habe ich euch das Meeresrauschen geschickt!“ Sie sehen sich etwas verwundert an und glauben jetzt gar nichts mehr zu verstehen, bis Katharina, Lenas Freundin sagt: „Sollen wir uns jetzt das Meer einfach so vorstellen?“ Frau Schöne lächelt, holt, unter einem blauen Tuch versteckt, eine wunderschöne Muschel hervor und sagt: „Wenn man die Muschel fest ans Ohr drückt und ihr alle ganz leise seid, kann man das Meeresrauschen hören.“ Sie macht das vor und ihre Stimme wird dabei leiser und leiser, wie sie das immer tut, wenn die Kinder auch leise sein sollen. Dann gibt sie die Muschel im Kreis herum und jeder horcht. Die Kinder sehen sich gegenseitig zu und erkennen sofort, wann ihr Nachbar das Meeresrauschen gehört hat,

denn dann lächelt er geheimnisvoll und gibt die Muschel weiter. Katharina darf die Schale halten, in der schon der Sand und die Blüten aus den anderen Briefen liegen und Lena legt die Muschel dazu. Dann stellt Frau Schöne die Dekoration auf den Brotzeittisch. Am nächsten Tag kommt der Postbote persönlich zu den Kindern. Er überreicht ihnen ein großes Paket und tut dabei sehr geheimnisvoll. Die Kinder brauchen nicht lange zu rätseln, von wem und woher dieses Paket kommt. Als sie versuchen es aufzumachen, scheppert und raschelt es ganz schön heftig. – Die Schnur ist durchgeschnitten, der letzte Streifen Klebeband entfernt, jetzt wird es spannend: „Da sind ja Muscheln drin!", ruft Lena ganz entzückt und lässt ein paar durch ihre Hände klimpern. Johannes holt eine Tüte heraus und zieht ein Stück von einem Fischernetz hervor. „Oh, ist das echt?", fragt er, denn er kann es gar nicht fassen, dass Frau Schöne so tolle Sachen geschickt hat. „Natürlich ist das echt und ihr könnt gleich raten, wie ich zu diesem Netz gekommen bin", sagt sie stolz. Die Kinder rätseln und erfinden dabei die tollsten Geschichten. Auch Frau Schöne wird mit dem Erzählen nicht fertig, denn die Kinder wollen alles ganz genau wissen. Und so kommt es, dass sie ihr Programm für heute gar nicht durchführen kann. „So viel noch, ihr Lieben!" sagt sie, „Ihr könnt euch zu Hause überlegen, was wir in der nächsten Zeit alles mit „Amos" (Sand), „Kohili" (Muscheln), den „Bouganville" (Blüten), den „Filo Elias" (Olivenblättern) und vor allem mit dem Fischernetz machen können. – Sie verabschiedet sich mit Jia sas Kalispera sas"! (Tschüss, guten Abend!) – und die Kinder antworten: „Kalispera, Kiria Schöne"! (Guten Abend Frau Schöne!).

Lena träumt die folgende Nacht von Griechenland und von den Dingen, die Frau Schöne mitgebracht hat. „Ich möchte, dass es bei uns genauso wird, wie in Griechenland, aber wie mache ich das bloß?", denkt sie sich. Doch plötzlich geht alles wie von Zauberhand. Ganz alleine kann sie das Fischernetz an der Zimmerdecke aufhängen und Fische hinein legen. Mit den pinkfarbenen Blüten gestaltet Lena ein Bild. Sie steckt es in einen Rahmen, den sie knallblau anmalt. Auf einmal sind ganz viele Kinder mit von der Partie, alle wollen sie basteln und dekorieren. Natürlich kommt auch Lukas in ihrem Traum vor. Er verwendet die Olivenblätter geschickt als Druckstempel und verziert damit eine Tischdecke, auf der sie dann die feinsten griechischen Speisen anrichten und diese mit den vielen anderen Kindern genießen. „Oh, ich muss mich beeilen", denkt Lena im Traum, sonst werde ich nicht fertig". – Dabei hat sie doch sowieso in einer einzigen Nacht schon so viel gemacht, wie man sonst nur in einer Woche erledigen kann. Als sie aufwacht, ist sie noch ganz begeistert: „Wau, war das schön, dass alle mitgeholfen haben!"

TIPPS

Sie können diese Geschichte parallel zur Erzählung sehr anschaulich gestalten, wenn Sie die entsprechenden Requisiten, wie Postkarten, Briefe, Sand und all die Dinge, die darin vorkommen, an entsprechender Stelle einsetzen. Das Horchen an der Muschel, wie Lena und die anderen Kinder es taten, ist für alle stets ein fantasievolles und unvergessliches Erlebnis. Diese Geschichte regt die Kinder an, selbst aktiv zu werden, denn bestimmt haben sie auch Spaß daran, zu raten, wie Frau Schöne zu dem Fischernetz kam. Vielleicht erfinden sie dazu eine kleine Fortsetzungsgeschichte.

Auch Ihr zuständiger Postbote könnte, nach einer kurzen Absprache mit Ihnen, die Rolle aus der Geschichte übernehmen. Er überbringt den Kindern die eine oder andere Karte oder ein Paket.

Die Kinder erkennen aus der Erzählung, dass man mit wenigen ausgewählten Dingen griechische Ferienstimmung zaubern kann. Sie sehen, wie es Spaß macht, gemeinsam zu gestalten und kreativ zu werden. Sicher bekommen sie auch Lust, die eine oder andere Dekoration, die Lena mit viel Eifer im Traum herstellt, zu verwirklichen. Praktische Anleitung zur Umsetzung von Lenas und Frau Schönes Ideen finden Sie gleich im Anschluss.

RAUM- UND TISCHDEKORATION GRIECHISCH

Folgende Vorschläge zur „Umgestaltung“ Ihrer Kita in eine „Griechische Insel“, sind als Impulse gedacht, die Sie mit Variationen und neuen Ideen Ihrerseits speziell auf Ihre Gruppe abstimmen können. Setzen Sie bei der Auswahl von Dekoration und Gestaltung der Räume einen Bezug zu den Landstrichen, aus denen Ihre griechischen Kinder kommen und zu den Orten, in denen andere wiederum einmal ihre Ferien verbrachten.

Die Kita wird zu „Klein-Griechenland“

Bei einem Griechenlandprojekt wird für die Kinder, neben dem Kochen und Genießen in geselliger Runde, das Gestalten der Räume zu einem weiteren Schwerpunkt. Verwandeln Sie gemeinsam die Räumlichkeiten von Tag zu Tag mehr in ein Klein-Griechenland und schaffen Sie so „griechisches Flair“ in der Kita. Greifen Sie dabei die Ideen der Kinder auf, nach dem Motto: „Mit den Kindern, nicht für die Kinder“.

Dekorieren Sie erst einmal mit den gesammelten Urlaubssouvenirs der Familien, die sie der Kita sicher gerne eine Zeit lang als Leihgabe überlassen. Somit bilden Sie nicht nur einen Einstieg für die Kinder, sondern beziehen auch die Eltern mit ein. Sie werden neugierig auf das neue Projekt und engagieren sich gerne.

Im Vordergrund der Farbgestaltung stehen natürlich die für Griechenland typischen Farben Blau und Weiß.

Die griechische Landesfahne schmückt flatternd den Eingang oder wird als Baldachin aufgespannt. Eine gebastelte Flaggengirlande (→ S. 38), quer durch die Eingangshalle gehängt, lässt jeden Besucher das Thema sofort erkennen.

Die Wandzeitung (→ S. 16) in der Eingangshalle regt zum Mitmachen an und ist Blickfang zugleich.

„Die Urlaubspost von Frau Schöne“ aus obiger Geschichte wird mit Wäscheklammern an eine Schnur gehängt, die kreuz und quer durch den Raum gespannt ist. Sie kann mit weiteren gesammelten Ansichtskarten bestückt werden. Den Kindern macht es sicher auch Freude, aus Prospektmaterial (→ S. 39) selbst Karten zu gestalten. Diese Idee ist nicht nur als Stimmungsmacher gedacht, sondern sie gibt Kindern auf diese Weise auch einen Einblick in Landschaften und Städte. Das Fischernetz hängt, wie in einer Taverne, von der Decke. Die Kinder füllen es mit Spielzeugfischen, Seesternen und anderem Meeresgetier, das sie auch aus Pappmaché selbst modellieren können. Auch Gläser, mit Nüssen gefüllt, werden zur Dekoration, wenn die Kinder damit nicht gerade Schüttübungen machen. All die Dinge, die Frau Schöne in der Geschichte aus Griechenland mitgebracht oder geschickt hat, eignen sich zur Weiterverarbeitung und werden so zur Dekoration. Manche Werke der Kinder eignen sich auch als Geschenk für die Eltern. So drücken die Kinder Muscheln in Gipsplatten oder legen sie in mit Sand gefüllte Gläser, die dann, mit Kerzen bestückt, zur romantischen Tischdekoration werden (→ S. 44) oder bei Erzählungen Stimmung verbreiten.

Greifen Sie zum Dekorieren für Griechenland Typisches heraus:
Großformatige Bilder von Sonnenuntergängen am Meer (→ S. 41) zaubern Ferienstimmung in die Räume. Auf große Papierbahnen drucken die Kinder Olivenbäume (→ S. 41), die dann als Tischdecke bei einem griechischen Essen eingesetzt werden oder die Wände dekorieren.

Wie wäre es mit einem bemalten Fenster, das die Unterwasserwelt zeigt? Ein anderes leuchtet mit einem Sonnenuntergang am Meer. Ein weiteres Fenster mit vielen gemalten Olivenbäumen erweckt die Illusion eines Olivenhaines, der an sonnigen Tagen ein Stück Griechenland in die Kita zaubert. Zum Malen eignen sich die üblichen Fensterfarben. Auch mit aufgeklebten Seidenpapieren lassen sich Wasser und Landschaften bezaubernd schön darstellen. Haben Sie eine Fensterbank, so wird sie mit etwas aufgeschüttetem Sand und Muscheln zum „griechischen Strand“.

Bauen Sie mit den Kindern „kleine griechische Inseln“, damit ist die Ausgestaltung von Spielbereichen gemeint, in denen die Kinder ihre Erlebnisse aus den angebotenen Aktionen verarbeiten und vertiefen. Gestalten Sie die Bauecke zum griechischen Hafen um, dort liegen die gebastelten Fähren (→ S. 60) und andere Schiffe zum Spielen bereit. Mit Stühlen stellen die Kinder ein großes Flugzeug zusammen und reisen damit, wie Lena und Lukas, als „fliegende Kita“ (→ S. 53) nach Griechenland.

Charakteristisches Griechenlandflair schaffen Sie auch mit kleinen weißen Häusern, gebastelt aus Schuhkartons und mit Windmühlen (→ S. 66). An einem geeigneten Platz werden sie zum Inseldorf arrangiert. Mit Puppenmöbeln ausgestattet, regen sie bestimmt zum Spielen an. Puppenmöbel oder ein alter Tisch und Stühle können auch von den Kindern in griechischem Blau angemalt werden.

Funktionieren Sie mit den Kindern einen Kaufladen zum Fischstand um und statten Sie ihn mit Fischen oder mit anderen Meerestieren aus. Sie können die Ware aus Pappmaché selbst modellieren oder ersatzweise Plastikspielsachen verwenden. Zum Verkauf wird die Ware in Lagen von Zeitungspapier gepackt und der „Kunde“ bezahlt mit Spielgeld. Nach einem Besuch in einem griechischen Feinkostladen (→ S. 78) wird ein weiterer Kaufladen mit „griechischen“ Waren bestückt. Beide Läden werden in der Halle oder in einem Nebenraum zu einen griechischen Markt und zum Mittelpunkt für geschäftiges Treiben, bei dem die griechischen Begrüßungsformen, „Bitte“ (parakalo) und „Danke“ (efcharisto) spielerisch zum Einsatz kommen.

Die Leseecke im Gruppenraum verwandelt sich in „Klein-Griechenland“, wenn Sie diese mit einem blauen Baldachin abgrenzen und griechisch dekorieren. Bildbände, Reiseprospekte und Ähnliches laden die Kinder zum Schmökern und Träumen ein.

In der Kuschelecke hören die Kinder mit Kopfhörern griechische Musik, die sie auch selber mitbringen. Bieten Sie neben den aktuellen Hits z. B. von *Despina Vandi* auch alte Klassiker oder zum Beispiel die neue CD *„Litany“* von *Mikis Theodorakis* und *Vassilis Saleas* an. Sie sind auch eine schöne Untermalung bei den verschiedensten Aktionen und natürlich beim griechischen Essen.

Nach einem Besuch der Kinder in einem Reisebüro gestalten sie ihr „eigenes Geschäft". Dazu brauchen sie nur einen Tisch, ein paar Stühle, etwas Büromaterial und jede Menge Reisekataloge, die sie von ihrem Ausflug mitgebracht haben.

Das Wichtigste aber für die Kinder ist und bleibt das Essen. – Und – wie im Rezeptekapitel zu sehen, kann man das Rezept eines griechischen Gerichts nicht nur kochen, sondern auch ein Plakat damit kreativ gestalten. Es hängt dann als Poster an der Wand oder baumelt dekorativ von der Decke.

Die von den Kindern gebastelten Kochmützen (→ S. 82) hängen, bevor sie zum Einsatz kommen, auf einer gespannten Leine. Das Essen selbst richten die Kinder ästhetisch schön auf Platten und Tellern an. Selbst die für Griechenland typischen Papiertischdecken können von den Kindern mit Olivenmuster bemalt oder bedruckt werden. Alternativ kommen Sets (→ S. 44) zum Einsatz. Natürlich wird zu einem selbst gekochten griechischen Essen mit richtigem Geschirr, gefalteten Servietten (→ S. 43) und Windlichtern (→ S. 44) eingedeckt.

„Kali orexi"! – Das Genießen der griechischen Speisen kann beginnen.

Das Elterncafé in griechischem Ambiente – mit griechischen Köstlichkeiten

Begeistern Sie Ihre Mütter und Väter für die Dauer der „Griechischen Wochen" oder für ein griechisches Fest in der Kita, das Elterncafé in eine „griechische Ecke" umzuwandeln. Vielleicht nennen Sie es „Ellada" oder „Elleniko kafé". Ausgestattet mit griechischem Ambiente und griechischen Köstlichkeiten, wird es zum Magnet für die Eltern. Die Wände schmücken griechische Flaggen aus Stoff oder Papier. Auch Landkarten, Poster und Ansichtskarten aus Griechenland vermitteln südliches Flair. Mütter und Väter helfen, je nach Interesse und Können, beim Dekorieren und bringen das eine oder andere typische Mitbringsel aus Griechenland zur Ausgestaltung mit. Selbst gebackenes oder gekauftes Gebäck, wie Walnusskuchen (→ S. 99) und Zimtplätzchen

(→ S. 96) locken die Gäste an. Dazu gibt es einen echten griechischen Kaffee, genannt: „elliniko kafé“, stilecht in kleinen Tassen oder Gläsern (→ S. 103). Als erfrischende Alternative gilt der in Griechenland beliebte Frappé, das ist ein kalt angerührter Kaffee mit Eiswürfeln. Da manche Eltern Herzhaftes bevorzugen, gibt es eingelegte Oliven, kleine gefüllte Teigtaschen (→ S. 91) oder ein Pitabrot (→ S. 85) und auch Schälchen mit Nüssen. Ein Joghurt mit Früchten oder Honig ist typisch Griechisch und verlockend. Die Eltern organisieren die entsprechenden Zutaten für das Café und übernehmen den Dienst. Dann wird es für alle Nationen zum beliebten Treffpunkt, denn beim Duft und Genuss eines griechischen Kaffees und feinem Gebäck kommen sich die Eltern aller Nationalitäten näher. Sie schwelgen in Reiseerinnerungen und tauschen Lieblingsrezepte aus. Legen Sie auch Bildbände und Reiseführer im Café zum Schmökern auf. Die Eltern freuen sich, blättern entspannt bei einem Gläschen „elliniko kafé“ und entfliehen so für ein paar Minuten dem hektischen Alltag.

Flaggengirlande

Die Farben der griechischen Flagge sind Blau und Weiß. Blau steht für das Meer der Ägäis, weiß für den Freiheitskampf. Neun dünne Streifen im Wechsel Blau – Weiß stehen für die neun Silben des Rufes „Freiheit oder Tod“. Das Kreuz aus weißen Streifen oben links steht als Zeichen der Verbundenheit mit Gott (vgl. Umschlag des Buches).

Das wird gebraucht
Blauer (Griechischblau) und weißer Fotokarton oder Tonpapier. Lineal, Bleistift, Kleber, Schere, Kordel

So wird’s gemacht
Die Flagge, 18 cm hoch und 22 cm lang, aus dem blauen Karton ausschneiden. An einer der schmalen Seiten 2 cm umfalzen. 2 weiße Strei-

fen je 20 cm lang und 2 cm breit ausschneiden, 2 Streifen je 13 cm lang und 2 cm breit, 2 Streifen für das Kreuz je 7 cm lang und 2 cm breit.

Die weißen Streifen wie abgebildet auf den blauen Karton kleben. Den Falz innen mit Kleber bestreichen und nacheinander die Flaggen aller Kinder auf die Schnur kleben. Die Girlande ziert den Gruppenraum oder die Eingangshalle.

Postkartengirlande

Das wird gebraucht
Kartons in Postkartengröße, Postkarten als Anschauungsmaterial, Schere, Klebstoff, Prospektmaterial von Griechenland, lange Schnur, Puppenwäscheklammern oder normale Haushaltsklammern

So wird's gemacht
Die Kinder betrachten gesammelte Postkarten. Dabei weisen Sie auf die unterschiedlichen Gestaltungsmöglichkeiten hin. Dann wählen die Kinder aus der Fülle von Abbildungen ihre Lieblingsmotive und schneiden sie oval, rund oder eckig aus. Bevor sie auf die Karte geklebt werden, arrangieren sie die Kinder, bis die Gestaltung ihren Wünschen und Vorstellungen entspricht.

Ältere Kinder können selbst einen Text auf die Karte schreiben, jüngere diktieren den Erzieher/-innen. Richten Sie die Worte an die Eltern zu Hause, an Oma und Opa, dann werden diese schnell nach der Girlande im Gruppenraum schauen und die „Post" mit Freude lesen.

Wer Lust hat, gestaltet noch Briefmarken, die entweder aus Papier ausgeschnitten oder aufgemalt werden. Mit einem Stempel aus dem Kinder-Druckset oder aus einer Kartoffel geschnitzt, ist die Karte vervollständigt. Alle an einer Schnur aufgehängt, schmücken mit ihrer Farbenpracht das Gruppenzimmer. Später einmal werden sie dann dem Adressaten überreicht.

Fries mit Griechischem Alphabet

Als Vorlage sehen Sie unten das griechische Alphabet, das Sie auch als Arbeitsunterlage vergrößert kopieren können.

So wird's gemacht

Die Kinder einigen sich, wer welchen Buchstaben abmalt. Jeder Buchstabe wird auf einem DIN A4 Blatt raumfüllend mit Bleistift skizziert und falls keine Korrektur nötig ist, mit einem Edding-Stift nachgefahren.

Sind alle Buchstaben aufgemalt, ordnen die Kinder sie nebeneinander in der Reihenfolge des griechischen Alphabets, das als Muster aufgeschrieben ist. Danach werden die einzelnen Blätter mit Klebestreifen zu einem Wandfries verbunden. Die Vorderseite kann von den Kindern noch mit einem Ornament umrahmt werden.

Α	α	Alpha		Ν	ν	Ny
Β	β	Beta		Ξ	ξ	Xi
Γ	γ	Gamma		Ο	ο	Omikron
Δ	δ	Delta		Π	π	Pi
Ε	ε	Epsilon		Ρ	ρ	Rho
Ζ	ζ	Zeta		Σ	σ	Sigma
Η	η	Eta		Τ	τ	Tau
Θ	θ	Theta		Υ	υ	Ypsilon
Ι	ι	Jota		Φ	φ	Phi
Κ	κ	Kappa		Χ	χ	Chi
Λ	λ	Lambda		Ψ	ψ	Psi
Μ	μ	My		Ω	ω	Omega

Olivenbaum Fingerdruck

Das wird gebraucht
Bild eines Olivenbaumes, Papier, Fingerfarbe, Schälchen

So wird's gemacht
Die Kinder betrachten das Bild eines Olivenbaumes und besprechen dabei die Form des Baumes, die Stärke des Stammes und der Äste, die Form der Blätter und der Oliven. Dabei sollen sie die jeweiligen Farben benennen.

Gemeinsam wird die grüne Farbe mit weißer in Schälchen abgemischt, bis das typische, silbrige Grün der Olivenblätter entsteht. Die Kinder malen den Stamm mit den Händen, die Äste und Blätter mit den Fingern. Die Oliven werden nur mit einem Finger aufgetupft.

Sie können den Olivenbaum großformatig als Gemeinschaftswerk malen, das dann eine Wand oder die Eingangstüre schmückt oder auf eine Papiertischdecke, die dann zum griechischen Festessen eingesetzt wird. Sicher freuen sich auch die Eltern, wenn ihre Kinder einen kleinen, gemalten Olivenbaum mit nach Hause bringen.

Sonnenuntergang malen – Entspannungsübung

Das wird gebraucht
Für jedes Kind ein großes Papierformat, dicker Pinsel, Schwamm, dickflüssige Malfarbe in Schälchen

CD: Litany (oder andere griechische oder Entspannungsmusik), CD-Player, Diaprojektor und Dias von Sonnenuntergängen, ersatzweise verschiedene Poster

So wird's gemacht

Betrachten Sie mit den Kindern Bilder von Sonnenuntergängen zu griechischer Musik. Bei geschlossenen Augen werden anschließend eigene Vorstellungen und Erinnerungen von Sonnenuntergängen wach. Anschließend erzählen die Kinder ihre Erlebnisse. Bei einem kleinen Gespräch arbeiten Sie die Merkmale eines Sonnenuntergangs heraus. Zum Beispiel:

- Die Farbe der Sonne, des Himmels und der Wolken
- Die Farbe des Meeres, wenn sich die Sonne darin spiegelt
- Die Veränderung der weißen Schaumkronen
- Stellen Sie auch Vergleiche zum Tag an, um die Unterschiede klarer werden zu lassen.
- Lassen Sie die Kinder entdecken, wo Himmel und Wasser zu verschmelzen scheinen.

Zum Malen der Sonne verwenden die Kinder den dicken Pinsel. Das Meer wird mit dem Schwamm gestrichen. Dazu nehmen die Kinder die Farbe gleich mit dem Schwamm aus dem Schälchen auf. Ältere Kinder werden auch die Farbe Weiß für die Schaumkronen einsetzen und mit dem Schwamm auftupfen. Die Spiegelung der Sonne im Wasser und auf dem Himmel wird erst zum Schluss mit dem Schwamm oder dem Pinsel aufgetupft, wenn die aufgetragene Farbe schon etwas angetrocknet ist. Die Musik begleitet die Kinder weiterhin beim Malen und versetzt sie in eine entspannte meditative Stimmung. Danach suchen sie einen geeigneten Platz für ihre Gemälde.

Schiffchen-Serviette

Das wird gebraucht

Für das Schiff: blau-weiß gestreifte oder weiße und blaue Papierservietten; für den Rettungsring: Holzgardinenring, Paketschnur, rote und weiße Plakafarbe, Pinsel, Klebstoff

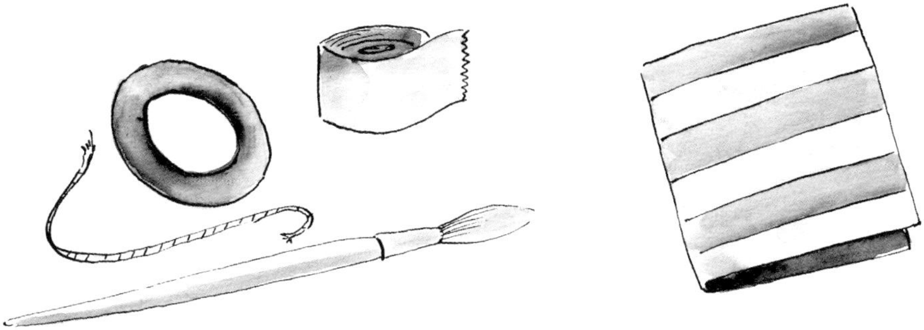

So wird's gemacht
Die Serviette zum Dreieck falten, dann die untere Kante schräg nach oben falzen. Auf den Gardinenring abwechselnd gleich breite rote und weiße Streifen malen und die Schnur drum herum ankleben.

Serviettenringe mit Muscheln

Das braucht man
Alte Papprollen, Schere, blaue Plakafarbe und Pinsel, Muscheln und Klebstoff, Servietten

So wird's gemacht
Von der Papprolle ca. 4–5 cm breite Ringe abschneiden und blau anmalen. Nach dem Trocknen Muscheln aufkleben und Serviette durchziehen.

Tischsets

Das braucht man
Weißen Fotokarton (DIN A3), Zeitschriften, Reisekataloge, Lebensmittelprospekte, Farbkopien von griechischen Kochbüchern, Kleister, Pinsel

So wird's gemacht
Aus dem vorhandenen Bildmaterial reißen oder schneiden die Kinder Motive aus, die sie auf ihrem Set haben wollen. Besonders wirkungsvoll wird es, wenn die Bilder an den Rändern überlappend in der Art einer Collage auf dem Karton arrangiert werden. Sind die Kinder mit ihrem Ergebnis zufrieden, kleben sie die Motive mit Kleister auf den Karton.

Tipp: Längere Freude haben die Kinder an den Tischsets, wenn sie mit durchsichtiger Klebefolie versiegelt oder in einem Kopierladen laminiert werden.

Tischlichter

Das wird gebraucht
Leere und gereinigte Einmachgläser, Sand vom Sandkasten oder Vogelsand, Muscheln, Kerzen, Naturbast, Schere

So wird's gemacht
Die Kinder füllen die Gläser mit Sand und stellen in die Mitte eine Kerze. Sie suchen die Muscheln aus und legen sie nach ihren Vorstellungen in das Glas. Danach schneiden sie ein Stück vom Bast ab, wickeln ihn um den oberen Rand und binden ihn zur Schleife.

Ältere Kinder können mehrere Baststreifen zu einem Zopf flechten und diesen um das Glas binden.

2. REISEPLANUNG BEI LENA UND LUKAS ZU HAUSE

Ein Wunsch geht in Erfüllung

Einstimmung
Begrüßen Sie die Kinder wie bei jeder Geschichte auf Griechisch. Stellen Sie in die Mitte Ihres Erzählkreises eine Tasche mit Büchern über Griechenland, die von den Kindern ausgepackt wird. Zeigen Sie Fotos von griechischen Landschaften, Dörfern und Städten und leiten Sie dann zu den Erlebnissen von Lena und Lukas über.

Erzählung
Nach dem Abendessen holt Papa Fotos von einem bezaubernden Ferienhäuschen in Griechenland aus seiner Tasche. Voller Freude präsentiert er Lena und Lukas seine Urlaubsidee, in die Mama natürlich von Anfang an eingeweiht war. „Kinder, der Sommer kommt so schnell und als ihr immer wieder mit Begeisterung von den Griechenland-Aktionen aus der Kita berichtet habt, habe ich mir gedacht, das ist es! – Wir verbringen die nächsten Ferien in Griechenland!" Lena ist eigentlich schon sehr müde, aber als sie das hört und die wunderschönen Fotos sieht, ist sie wieder putzmunter. „Wohnen wir dort?", fragt Lukas. „Ja", sagt Papa ganz stolz, „das Haus gehört einem griechischen Arbeitskollegen und seinem Bruder. Der Kollege verbringt nur ab und zu die Ferien da. Sein Bruder, der dort immer lebt, hat sich ein größeres, neues Haus nebenan gebaut. Dieses Ferienhaus ist schon sehr alt, das stammt noch von deren Großeltern." – „Schaut, Kinder, es liegt ganz idyllisch auf einer kleinen Insel im Meer, schöner kann man es sich nicht vorstellen!", sagt Mama. Papa zeigt ihnen sogleich auf der Landkarte die Insel. – „Und wie kommen wir dahin?", fragt Lukas. Papa zeigt mit dem Finger auf die Hauptstadt Athen und sagt: „Bis dorthin werden wir fliegen und dann nehmen wir eine Fähre übers Meer, denn

auf dieser kleinen Insel gibt es keinen Flughafen." Und Mama ergänzt: „Vieles, was die Menschen dort brauchen, wird mit der Fähre auf die Insel gebracht. Da passen sogar Autos und ganze Lastwagen drauf!" „Oh, das ist ja spannend!", schwärmt Lukas. An diesem Abend schlafen Lena und Lukas ganz glücklich ein.

In den nächsten Tagen dreht sich in der Familie alles um die Reise nach Griechenland. Die Kinder wollen wissen, was man auf eine Insel mitnehmen muss und wie das Essen dort schmeckt. Lukas interessiert sich besonders dafür, wie es ist, auf einer Insel mitten im Meer zu leben und holt sich in der Bücherei schon einige Bücher dazu. Mama kommt auf die Idee, ein eigenes Griechenlandbuch anzulegen. Lena und Lukas sammeln darin alles, was sie an Abbildungen finden können. Papa hat bereits in einem Reisebüro den Flug in die Hauptstadt Athen und eine Fähre übers Meer gebucht und den Kindern Reisekataloge mitgebracht. Bei der Fülle an Bildern stellen sie fest, dass diese in einem normalen Buch gar keinen Platz haben. Also baut Papa mit ihnen ein riesengroßes. „Das ist ja sogar zum Aufstellen!", staunt Lukas und baut es gleich vor seinem Bett auf.

TIPPS

Bei dieser „Griechenlandreise", die wir Ihnen als Beispiel anbieten, beschränken wir uns bewusst auf ein „Inselerlebnis". Im Rahmen der „Griechischen Wochen" können natürlich auch die griechischen Orte und Landstriche für Kinder interessant sein, die sie aus ihren Ferien oder von Verwandtenbesuchen kennen.
Mit den anschließenden Spielen und Aktionen und weiteren Geschichten wird das Wissen der Kinder vertieft und erweitert. Gestalten Sie mit Ihren Kindern zum Beispiel auch ein Maxi-Griechenlandbuch, so wie Lena und Lukas. Beziehen Sie auch die Eltern mit ein, bieten Sie ihnen an, sich an einer Wandzeitung spielerisch zu beteiligen. Sie werden sicher Freude daran haben.

SPIELE UND AKTIONEN

Maxi-Griechenlandbuch

Bereits bei der Anfertigung des Buches erfahren die Kinder Wissenswertes und Interessantes über das Land. Ist es fertig, wird es aufgestellt und die Kinder können genüsslich davor liegen und in ihrem Werk schmökern. Das benötigte Material tragen Kinder, Eltern und Erzieherinnen gemeinsam zusammen.

Das braucht man

Für das Buch: Stabiler Karton (zweimal 100 x 70 cm), ca. 10 weiße Fotokartons gleicher Größe, Lochzange, weiß-blaues Schleifenband, weiße oder blaue Plakafarbe, Pinsel, Ansichtskarten oder Katalogbilder von Griechenland, Pappe (Buchstabenschablonen)

Für die Innengestaltung: Illustrationen aus Fachzeitschriften, Reisekatalogen, Lebensmittelprospekten, Urlaubsfotos (Kopien), große Länderkarte, Abbildung der Landesflagge, Kleister, Pinsel

So wird's gemacht

Der stabile Karton dient als Buchdeckel, die 10 Fotokartons ergeben die Buchseiten. Buchdeckel mit blauer oder weißer Farbe bemalen. Für den Titel „Griechenland" oder auf Griechisch „Ellada" Buchstabenschablonen (ca. 9 x 3 cm) anfertigen, auf Griechenlandbilder übertragen und ausschneiden. Mit Kleber auf der Buchvorderseite anbringen.

Gesammeltes Material nach Themen ordnen: Länderkarte mit Flagge und wichtige Informationen zu Griechenland, verschiedene Landschaften, Menschen, Sport, Tiere, Früchte, Küche und anderes. Illustrationen mit Kleister auf die entsprechenden Seiten kleben und da und dort mit Text versehen. Buchdeckel und Fotokartons lochen und alles zu einem Buch zusammenfügen. Band durchziehen und zur Schleife binden.

Collage: Koffer oder Rucksack packen

Das braucht man
Zeichenpapier DIN A3 mit dem Umriss eines Koffers oder Rucksacks mit Adressen-Anhänger (Kopien entsprechend der Anzahl der Kinder), Versandhauskataloge, Spielwaren- und Kinderbuchprospekte, Schere, Kleber, Malstifte

So wird's gemacht
Bevor die Kinder aktiv werden, ist es sinnvoll eine Vorauswahl an Katalogbildern zu treffen. Aus dem vorhandenen Bildmaterial an sommerlicher Jungen- und Mädchenkleidung, Badesachen, Sonnenkosmetik, Fotoapparaten, Büchern und Spielsachen schneiden die Kinder aus, was sie gerne in die Ferien mitnehmen möchten.

Diese Dinge kleben sie dann in den vorgezeichneten Umriss des Koffers oder wahlweise in die des Rucksacks. Was noch an Bildern fehlt, aber nach Meinung der Kinder unbedingt in den Koffer gehört, malen sie dazu. Beim gemeinsamen Gespräch wird deutlich, dass nicht nur praktische und nützliche Dinge in das Gepäck gehören, sondern auch persönliche Sachen, wie die Lieblingspuppe, der Teddybär oder ein Buch zum Schmökern. Zuletzt werden in den Adressen-Anhänger der Name und die Adresse des Kindes eingetragen.

Über den Wolken

Einstieg

Begrüßen Sie Ihre Kinder im Erzählkreis wie immer mit: „Jia sas Kalimera sas“ und lassen Sie diese mit „Kalimera Kiria ...“ antworten.

Die Kinder schließen für kurze Zeit die Augen. Mit ein paar treffenden Sätzen führen Sie dann die Gruppe in ihrer Fantasie in ein Flugzeug. Sie diktieren einen rasanten Start und das Abheben in die Lüfte. Holen Sie nach einer gewissen Flugzeit die Kinder wieder zurück zur Landung. Nachdem sie die Augen geöffnet haben, zeigen Sie ihnen Bilder von Wolkentürmen und von Landschaften, die aus der Luft aufgenommen wurden. Danach leiten Sie zur Geschichte über, in der Lena und Lukas in die Ferien fliegen.

Bevor Sie beginnen, können Sie auch noch den Kindern auf dem Sitzplan eines Flugzeuges zeigen, wo Lena und Lukas mit ihren Eltern sitzen.

Erzählung

Lena und Lukas sind mit ihren Eltern eine der ersten Passagiere, die das Flugzeug betreten. Schon am Eingang steht eine Stewardess bereit, die bei der Platzsuche behilflich ist und so haben sie schnell ihre reservierten Sitzplätze gefunden. Lena sitzt mit Mama auf der einen Seite des Flugzeugganges und Lukas mit Papa auf der anderen Seite. Wie abgemacht, haben die Kinder die Fensterplätze. Die Eltern zeigen Lena und Lukas, wie man den Sicherheitsgurt anlegt und Lukas meint dazu: „Es ist fast genauso wie im Auto.“

Zur großen Überraschung für Lena und Lukas verteilen die Stewardessen mit einem freundlichen Lächeln viele Geschenke, aber nur an die Kinder. „Super, was es da alles für uns Kinder gibt“, sagt Lukas, als er einen Malblock, Buntstifte, ein Sonnenkäppi und einen aufblasbaren Flieger überreicht bekommt. Lena freut sich auch sehr, schaut die Geschenke aber nur kurz an, verstaut sie dann in ihrem Rucksack und sagt: „Jetzt ist es doch wichtiger aus dem Fenster zu schauen, als zu malen.“

Die Stewardessen gehen den Gang entlang und prüfen, ob wirklich jeder Fluggast angeschnallt ist. Danach zeigen sie, wo die Notausgänge sind und wie im Notfall Schwimmweste und Sauerstoffmaske funktionieren. Gleich darauf verschwinden sie vorne im Flugzeug hinter einem Vorhang. Lena und Lukas sind ganz schön aufgeregt und mit größter Wahrscheinlichkeit auch ein paar andere Passagiere, denn jetzt geht´s los. Der Flieger bewegt sich erst wie ein Auto auf einer Straße in Richtung Startbahn. Deutlich spürt man, wie er schneller und schneller wird. Noch berührt das Flugzeug den Boden, dann hebt es plötzlich, mit der Spitze steil nach oben ab in den Himmel, dabei werden die Passagiere fest in die Sitze gedrückt. „Klasse, das ist ja wie in einem Karussell!“, ruft Lukas. Auch Lena macht es sichtlich Spaß, obwohl es ihr etwas im Magen kribbelt und sie in den Ohren einen ungewöhnlichen Druck verspürt. Zur Sicherheit hält sie Mutters Hand und drückt ihre Puppe Lily ganz fest an sich. „Der Motor macht ja einen Höllenlärm“, bemerkt Lukas. Allmählich wird das Geräusch dann leiser, nur noch das Einklappen der Räder ist zu hören.

„Der Blick durch das kleine runde Flugzeugfenster ist toll“, stellt Lukas fest. Die Kinder verfolgen deutlich, wie die Häuser und Bäume, Straßen und der große Fluss immer kleiner werden. Soweit das Auge reicht, sieht man Felder und Wiesen. „Oh, was ist das“, denkt sich Lena überrascht. Denn plötzlich ist nichts mehr zu sehen, nur noch dicke Wolken, die zu herrlichen Gebilden aufgetürmt sind und Lena meint: „Die schauen von oben ganz anders aus als wenn ich unten von der Erde hinauf schaue. Mama, sieh mal, diese sieht aus wie ein Schaf aus Watte und diese wie ein Fisch mit einem großen Maul.“ Lukas sagt zu Papa: „Toll wie wir so durch die Wolken fliegen.“

Immer wieder schauen Lena und Lukas auf die Landkarte, um zu sehen, wo sie sich gerade befinden, denn sie wissen von ihren Eltern, dass sie über mehrere Länder fliegen. Aber auch der Flugkapitän gibt manchmal über Lautsprecher Bescheid, wenn es etwas Wichtiges und Interessantes auf der Erde zu erkennen gibt.

In den Bildschirmen an der Decke wird nun zur Unterhaltung für die Gäste ein Film gezeigt. Lukas sagt dazu nur: „Dafür habe ich keine Zeit, ich muss doch mitverfolgen, wie der Pilot fliegt.“ Auch für Lena ist das Video nicht wichtig, sie schaut lieber aus dem Fenster. Immer wieder einmal entdeckt sie einen See, einen Fluss, Dörfer und Städte. „Von oben sieht alles so ganz anders aus“, meint sie. Lukas geht es genauso, er findet das Fliegen einfach super! Als der Pilot auf die Hauptstadt Athen zusteuert und man die Gegend ganz klar erkennen kann, ist die Aufregung groß. Sogar manche Erwachsene drücken sich an den Fenstern die Nasen platt. Nach einer Weile kommt erneut eine Lautsprecher-Durchsage mit der Aufforderung, dass sich alle Passagiere wieder anschnallen müssen. „Wir befinden uns sogleich im Landeanflug“, heißt es. „Landen wir schon Papa?“, fragt Lukas. Papa erklärt, dass es schon noch ein paar Minuten dauern wird, denn der Flieger muss zur Landung ganz langsam hinuntergehen. Lena und Lukas staunen, denn zu ihrer Freude teilen die Stewardessen schon wieder etwas aus, diesmal kleine Schokoladentäfelchen mit einem Flieger drauf. „Der Landeanflug, so nennt man das, wenn das Flugzeug aus der Luft auf den Flughafen zusteuert, ist immer besonders spannend“, sagt Papa zu

Lukas. Die Kinder beobachten, wie die Häuser ziemlich schnell größer und größer werden. Die Straßen, die vorher noch wie ein grauer Strich in der Landschaft aussahen, sind nun ganz deutlich zu erkennen. Lukas entdeckt eine Autobahn, auf der sehr viele Autos in beide Richtungen fahren. „Wie Spielzeugautos sehen sie aus", denkt er sich. Inzwischen kann man über den Bildschirm mitverfolgen, wie weit der Pilot noch zu fliegen hat, wie lange es noch dauern wird, und wie viel Grad Temperatur die Luft draußen in so großer Höhe hat. Lukas beobachtet das alles sehr genau. „Papa, ich will unbedingt Pilot werden!", ruft er fasziniert. Die letzte Minute ist fast spannender als der ganze Flug, alle Passagiere warten auf das aufregende Gefühl, wenn der Flieger wieder die Erde berührt. – „Da, jetzt setzt er auf", sagt Papa. Die Gäste applaudieren Beifall und Lena und Lukas klatschen ganz besonders laut. „Das hat der Pilot sehr gut gemacht, kein Ruckeln und kein Poltern", sagt Papa und Mama meint: „Die Erde hat uns wieder. – Schön war es!"

TIPPS

In unserer Geschichte verreisen Lena und Lukas mit dem Flugzeug (und anschließend mit der Fähre). Vielleicht sind schon manche Kinder in Ihrer Gruppe einmal in die Ferien geflogen. Andere träumen noch von diesem faszinierenden Erlebnis. In dieser Erzählung identifizieren sich die Kinder mit Lena und Lukas und erleben mit ihnen die Reise über den Wolken. Ihre Wünsche und Sehnsüchte nach dem Fliegen gehen in ihrer Fantasie in Erfüllung. Dabei gewinnen sie auch an Sicherheit, falls sie selbst einmal fliegen werden.

Funktionieren Sie die Bauecke zum Flughafen um. Damit die Kinder „fliegen" können, stellen Sie Ihnen Material für Rollenspiele bereit und inszenieren die „fliegende Kita". Wahrscheinlich aber bauen die Kinder ganz von selbst mit Stühlen ein Flugzeug und heben ab in die Lüfte. – Als Bordverpflegung empfehlen wir Ihnen mit den Kindern die himmlischen Wolkenbaisers (→ S. 101) zu backen.

Rollenspiel: Der fliegende Kindergarten

Während einige Kinder noch nie in einem Flugzeug saßen, sind andere schon mit ihren Eltern in die Ferien geflogen. Eifrig berichten diese von ihren ersten Flugerfahrungen. Bestens motiviert wollen alle Kinder eine Reise mit dem Flieger nachspielen. Überlegen Sie mit den Kindern, was sie alles an Requisiten für ihr Spiel brauchen. Für eine kleine Sammlung an Materialien haben Sie bereits gesorgt, denn Sie selbst, Kollegen, Eltern und Bekannte haben von ihrem letzten Flug das eine oder andere Requisit für das Rollenspiel beigesteuert. Was noch fehlt, basteln die Kinder gerne selbst.

Mögliche Requisiten

Für die Piloten: Kappe, Schulterklappen mit aufgemalten goldenen Streifen auf dunkelblauer Pappe (doppelseitiger Klebestreifen zum Befestigen)

Für die Flugbegleiter: Krawatten bzw. Halstücher, Servierwagen, kleine Tabletts (Schuhschachteldeckel oder leere Behälter von Fertiggerichten), Becher, Saft, Kekse, Bonbons, Spielzeugtelefon für die Ansagen

Für die Passagiere: Kleider und Utensilien wie Hüte, Sonnenbrillen aus der Verkleidungskiste, gebrauchte Boarding-Cards und Flugtickets (fehlende kopieren oder ähnliche anfertigen)

Anregungen zum Spielverlauf

Spielen Sie mit den Kindern eine Flugreise nach, die in der Kindertagesstätte startet. Mädchen und Jungen teilen unter sich die Rollen und Requisiten des Kapitäns und Co-Piloten, der Flugbegleiter und Passagiere auf. Beim ersten Durchgang ist es sinnvoll, wenn Sie das Spiel leiten und zunächst zwei Rollen übernehmen, die des Kapitäns und der Chefstewardess, dabei können Sie einen entsprechenden Text für die Kinder zur Orientierung vorgeben. Dann fällt es den Kindern leichter, wenn sie später diese Aufgaben übernehmen. Die Reisenden steigen in das Flugzeug, das aus zwei Reihen Stühlen besteht. Die Pilotenkanzel stellen seitlich gekippte Tische dar. Ein(e) Flugbegleiter(in) begrüßt die Gäste mit dem Telefonhörer in der Hand und die anderen Stewardessen weisen ihnen die Sitze zu. Nachdem alle „Passagiere" Platz genommen haben, tun diese so, als ob sie ihre Sicherheitsgurte schließen würden. Die Flugbegleiter(innen) gehen durch die Reihen und überprüfen mit einem Blick, ob die „Passagiere" angeschnallt sind. Nach der (pantomimischen) Demonstration vom Gebrauch der Schwimmweste, der Sauerstoffmaske und dem Hinweis auf die Notausgänge, startet die Maschine. Die Kinder imitieren dazu lautes Motorengeräusch. Nun melden Sie sich in ihrer Rolle als Kapitän und begrüßen die „Passagiere" auf dem Flug von „..." (Heimatflughafen nennen) nach Athen in Griechenland. Wenig später fahren die Flugbegleiter den Servierwagen durch die Reihen und verteilen kleine „Tabletts" mit je einem Getränk und einem Wolkenbaiser (→ S. 101) oder Keks. Während des Fluges melden Sie sich als Pilot hin und wieder aus dem Cockpit und erzählen anschaulich, was aus dem Flugzeug alles zu sehen ist: Eine Stadt, ein See, Berge oder das Meer.

Kurz vor dem Ende der Flugreise verteilen die Flugbegleiter nochmals Bonbons. Die „Passagiere" hören nun die Ansage der Chefstewardess: „Wir befinden uns im Landeanflug nach Athen. Das Wetter ist schön und der Himmel wolkenlos. Die Temperatur misst zurzeit 30 Grad Celsius. Bitte bleiben Sie zu ihrer Sicherheit angeschnallt, bis die Maschine ihre letzte Position erreicht hat und zum Stehen kommt. Der Kapitän und die Besatzung danken Ihnen, dass Sie unsere Fluggesellschaft gewählt haben. Wir hoffen, dass Sie einen angenehmen Flug hatten und wünschen Ihnen einen schönen Urlaub oder eine gute Weiterreise!" Glücklich über die gute Landung bedanken sich die Passagiere mit einem Klatschen beim Kapitän. Danach gehen sie zum Ausgang, wo sie von den Flugbegleitern(innen) noch persönlich verabschiedet werden.

Tipp: Am Ziel angelangt, zeigen Sie Dias oder einen kurzen Film über Griechenland. Auf dem „Heimflug" wechseln selbstverständlich alle Kinder ihre Rollen.

Spiel: Wer darf denn mit dir fliegen?

Spielverlauf
Alle Spieler stehen im Kreis, ein Kind steht in der Mitte und sagt: „Ich fliege nach Griechenland!" Die Mitspieler fragen darauf hin: „Wer darf denn mit dir fliegen?" Das Kind in der Mitte antwortet beispielsweise: „Wer am besten auf einem Bein stehen kann!" Nun versucht jedes Kind sein Bestes und das Kind in der Mitte wählt eines davon aus. Alle spielen sie nun „Flieger" und drehen eine Runde zu zweit und landen wieder im Kreis. Das gewählte Kind steuert als „Flugzeug" wieder in die Kreismitte und stellt seinen Mitspielern eine neue Aufgabe.

Die Reise auf der Fähre

Einstimmung
Begrüßen Sie die Kinder wie immer auf Griechisch. Unter einem blauen Tuch haben Sie in der Mitte ihres Erzählkreises einen kleinen Spielzeugflieger, ein Auto als Taxi und ein Schiff, wenn möglich eine Fähre (selbst gebastelt), versteckt. Die Kinder decken das Tuch auf und Sie erzählen von Lena und Lukas, die mit diesen verschiedenen Verkehrsmitteln auf eine griechische Insel reisen. Auf einem Atlas verfolgen die Kinder den Weg, den Lena und Lukas geflogen sind und den, der noch mit der Fähre vor ihnen liegt. Mit dem jeweiligen Spielzeug fahren sie die entsprechende Strecke ab. Danach leiten Sie zur folgenden Geschichte über.

Erzählung
Nach einer himmlischen Flugreise in die griechische Hauptstadt Athen ist für Lena und Lukas das Abenteuer noch immer nicht zu Ende. Denn ihr Ferienziel ist eine kleine Insel, mitten im türkisblauen Meer. Vom Flughafen zum Schiff, genauer gesagt zur Fähre, die sie auf die Insel

bringen wird, nimmt sich die Familie ein Taxi. Der Taxifahrer weiß genau zu welcher Fähre er die Familie bringen muss. Nachdem Papa bezahlt hat, verabschiedet sich der Fahrer mit „Kalo taxidi!“ was „Gute Reise“ heißt und die Eltern bedanken sich mit „efcharisto poli!“ was „Vielen Dank!“ bedeutetet. Lena und Lukas waren noch nie in einem so großen Hafen wie diesem. „So viele Schiffe und die sind ja alle größer als ein normales Haus!“, ruft Lukas sehr erstaunt und Lena meint: „So riesig habe ich mir unsere Fähre nicht vorgestellt.“ Tatsächlich liegen auf der einen Seite des Kais mehrere große Fracht- und auf der anderen Seite Passagierschiffe. Auch ein wunderschönes Kreuzfahrtschiff, auf dem Hunderte von Menschen ihren Urlaub genießen, ist zu bestaunen. Meterhohe Kräne beladen die Frachtschiffe mit unterschiedlichsten Waren, die sie von hier aus in alle Herrenländer bringen. Papa zeigt auf eine Fähre und sagt: „Schaut Kinder, das ist unser Schiff, wenn wir uns etwas beeilen, dann können wir noch zusehen, wie Passagiere mit dem Auto durch die Ladeklappe in das Innere fahren.“ – „Oh, sogar mehrere Lastwagen rollen langsam hinein!“, ruft Lukas voller Erstaunen. Für die Familie wird es allmählich Zeit an Bord zu gehen, denn sie möchten einen sonnigen Platz auf dem Deck ergattern.

„Von da aus haben wir einen wunderbaren Blick in alle Himmelsrichtungen“, sagt Papa. Während es sich Lena und Lukas auf den Sitzreihen, die wie Gartenbänke aussehen, bequem machen, kramt Papa in seiner Fototasche. Er sucht jedoch nicht nach seiner Kamera – nein, er holt einen kleinen Kompass hervor und zeigt den Kindern, wie dieser funktioniert. Dabei deutet er auf alle vier Himmelsrichtungen, nach Süden, Norden, Osten und Westen. „Das ist Süden“, sagt Mama, „in diese Richtung werden wir fahren.“ Lena und Lukas sind viel zu aufgeregt, um auf ihrem Platz still sitzen zu bleiben. Es gibt so Vieles, was sie sehen möchten und so ziehen sie mit Papa los, um die Fähre etwas genauer zu erkunden. Sie gehen auf das oberste Deck, beugen sich vorsichtig über die Reling und können von dort aus mitverfolgen, wie das Schiff ablegt. Lena erschrickt ganz schön, als das Signal laut zur Abfahrt ertönt. Sie beobachten, wie eine Frau in blau-weißer Uniform das armdicke Seil von dem graugestrichenen Eisenpfosten, den man Pier nennt, abwickelt und dem abfahrenden Schiff hinterher wirft.

Papa erklärt: „Das Schiff wird auf diese Weise festgehalten, solange es im Hafen liegt, so kann es nicht auf das offene Meer hinaustreiben. Wenn wir jetzt schnell zum Heck des Schiffes gehen, dann können wir zusehen wie das Seil von einem Matrosen an Bord zurückgeholt wird." – Und was ist mit dem Anker?", fragt Lukas. – „Ja, den Anker wirft man nur auf offenem Meer, wo man das Schiff nicht festbinden kann", antwortet Papa, während sie sich auf den Weg machen.

Man spürt deutlich, wie sich die Fähre in Bewegung setzt. Langsam fährt sie aus dem Hafen hinaus, dreht eine leichte Kurve und nimmt dann Kurs in Richtung Ferieninsel. „Merkt ihr Kinder, wie sie an Geschwindigkeit zunimmt?", fragt Papa. Jetzt machen sich die drei schnellstens auf den Weg zurück zu Mama, um ihr alles genau zu berichten. Etwas ungeduldig hält sie schon Ausschau nach ihren Lieben. Fasziniert schauen Lena und Lukas zu, wie sich das Ufer immer weiter entfernt, die Schiffe im Hafen und die Häuser der Stadt immer kleiner und kleiner werden und schließlich am Horizont verschwinden. Mitten auf dem blauen Meer schlagen die Wellen höher und höher und als Lukas ein paar Spritzer abbekommt, schreit er: „Oh, ich werde ja pitschnass!" Lena und Lukas beobachten mit Begeisterung das Spiel der weißen Schaum-

kronen auf den tobenden Wellen. Sie genießen den Fahrtwind, der ihnen ganz schön ins Gesicht weht und gleichzeitig ihre Windjacken wie Luftballons aufbläst.

„Jetzt müssen wir bereits mitten auf dem Meer sein, ich sehe weit und breit kein Land mehr" stellt Lukas fest und er hat recht, egal in welche Himmelsrichtung man blickt, nichts ist zu sehen, nur blaues Meer und blauer Himmel. Papa sagt: „Wenn ihr jetzt genau auf den Horizont schaut, dort wo Himmel und Wasser sich begegnen, dann erkennt ihr ganz deutlich, dass die Erde rund ist."

Allmählich taucht mitten aus dem Wasser am Horizont ihre Ferieninsel auf. Deutlich sieht man die weißgekalkten Häuser in der Abendsonne blitzen. Lena entdeckt als erste die vielen kleinen Schiffe, die an der Küste ankern. Lukas zeigt in Richtung Insel und ruft: „Seht, dort gibt es sogar Windmühlen!" Er versucht sie zu zählen, was aber bei diesem starken Schaukeln der Fähre nicht so leicht ist.

„Gleich sind wir an unserem Ziel", sagt Mama und strahlt vor Freude mit der Sonne um die Wette. – Und als Papa verheißungsvoll sagt: „Kinder, unser Griechenlandurlaub fängt jetzt erst richtig an!", verspüren Lena und Lukas ein schönes aufregendes Kribbeln.

TIPPS

Die Kinder identifizieren sich mit Lena und Lukas und genießen in ihrer Fantasie das Reisen auf einem großen Schiff. Sehnsüchte und Wünsche werden auf diese Weise erfüllt und die Abenteuerlust gestillt. Erinnerungen an Schifffahrten, auch mit kleineren Booten, werden geweckt und regen die Kinder zum Erzählen an. Vielleicht hat aber auch das eine oder andere Kind aus der Gruppe schon einmal eine Reise auf einer Fähre zu einer Insel gemacht. Dann wird es sicher mit seinen Erzählungen die Zuhörer fesseln. Mit dieser Geschichte können Sie auch allerhand Wissenswertes zum Thema „Reisen auf dem Meer" vermitteln. Der Kompass zum Beispiel ist nicht nur für die älteren Kinder ein neues interessantes Gerät. Fasziniert schauen alle zu, wenn Sie ihnen zeigen, wie dieser funktioniert. Suchen Sie gemeinsam auf einer Landkarte und auf einem Globus die Himmelsrichtungen. Später kann man das Wissen im Freien anwenden und bei Spaziergängen und Ausflügen immer wieder vertiefen, bis die Kinder die Himmelsrichtungen in ihrem räumlichen Umfeld erfasst haben.

SPIELE UND AKTIONEN

Wellenspiel: Plitsch-Platsch-Wasserspaß

Dieses feucht-fröhliche Spiel wird vor allem an heißen Tagen zur Attraktion bei den Griechischen Wochen oder bei einem Fest.

Sie brauchen eine starke reißfeste Malerplane, die Sie auf die gewünschte Größe zuschneiden und auseinander falten sowie einen Eimer voll Wasser. Damit die Kleidung trocken bleibt, bringen die Kinder Badekleidung mit oder entkleiden sich bis auf die Unterwäsche.

Alle Mitspieler verteilen sich rund um die Plane, die nun als Schwungtuch dient und halten diese am Rand fest. Dann wird sie sacht auf und ab bewegt und damit die Bewegungen der Wellen imitiert. Nun gießen Sie ein wenig Wasser in die Mitte. Vorsichtig wird die Plane hin- und herbewegt, sodass das Wasser in verschiedene Richtungen, aber nicht zum Boden fließt. Das erfordert einiges Geschick. Mit Spannung verfolgen die Kinder das Geschehen, dann rufen alle Mitspieler: „Plitsch, platsch, wir werden alle nass!“ Das Wort „nass“ ist das Signal dafür, die Plane nach oben zu schleudern, dabei bekommen alle Kinder ein wenig vom Wasser ab.

Basteln: Autofähre

Das braucht man
Zum Basteln: Schuhkarton, kleine Schachtel, weiße Pappe, farbiges Glanzpapier, Edding-Stift, Buntstifte, Klettverschlussband (selbst klebend), Papprolle, Watte, Kleber, Schere, Klarlack-Sprühdose

Zum Spielen: Spielzeugautos, kleine Figuren

So wird's gemacht
Schiffsklappe: Schachteldeckel abnehmen und an einer Schmalseite mit der Schere den Rand entfernen. Deckel vorerst zur Seite legen. Schachtelwand links und rechts vom oberen Rand bis zum Schachtelboden einschneiden und ausklappen. Gegen Ende der Bastelarbeit, wenn die Verkleidung angebracht ist, Klettverschluss rechts und links am oberen Rand befestigen, damit die Klappe nach dem Beladen mit den Autos geschlossen und dann wieder geöffnet werden kann.

Schiffsdeck und Schiffsboden: Für die Herstellung des Decks und des Schiffbodens Schachtel auf die Pappe legen, mit Bleistift Umriss umfahren und mit der Bugspitze in Form eines Hausdaches von je 15 cm Seitenlänge ergänzen. Form zweimal ausschneiden und jeweils auf den Schachtelboden und den Deckel kleben. Schachteldeckel auf der Schachtel mit Klebstoff befestigen. Dessen randlose Schmalseite befindet sich dabei über der Laderampe.

Schiffsverkleidung: Für die Verkleidung des Schiffes zwei gleich große Streifen aus weißer Pappe zuschneiden. Dazu Seitenlänge des Schiffes abmessen und 2 cm Klebefalz dazu rechnen. Die Höhe des Streifens entspricht der Höhe der Schachtel plus 5 cm (3 cm Reling für das Oberdeck, 2 cm Klebefalz für den Boden). Für die Bugspitze beide Streifen am Falz zusammen kleben. Im Bereich des Bugs Bodenfalz im Abstand von ca. 1 cm mehrmals einschneiden. Verkleidung beim Bug beginnend am Schiffsboden und an der Schachtelwand mit Kleber befestigen. Laderampe außen mit Pappe verkleiden. Klettverschlüsse gut andrücken!

Schiffsaufbau: Auf das Schiffsdeck kleine Schachtel kleben. Türen und Bullaugen aus Glanzpapier ausschneiden und aufkleben. Für den Schornstein Papprolle mit Papier verkleiden und auf Wunsch bemalen oder mit Buntpapier bekleben. Auf die kleine Schachtel kleben und mit etwas Watte im Schlot Rauch imitieren.

Schiffsname: Name des Schiffes mit Edding-Stift an die Schiffswand schreiben.

Tipp: Soll das Schiff wassertauglich sein, mit Klarlack besprühen.

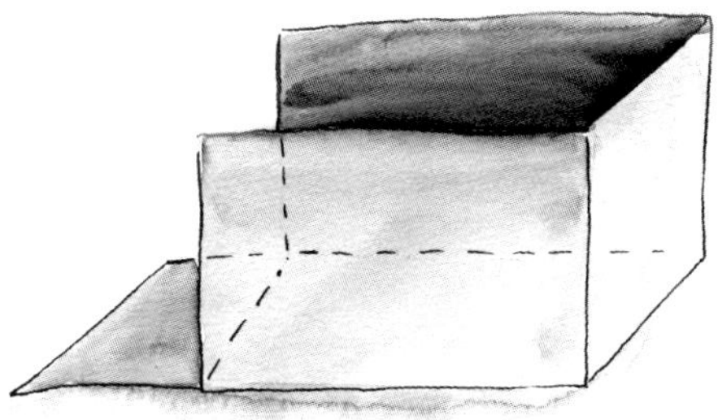

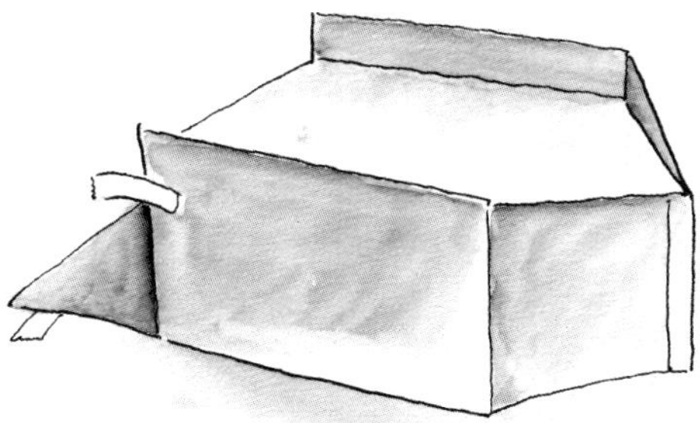

3. FERIEN AUF DER INSEL

Ankunft im Häuschen

Einstimmung

Begrüßen Sie die Kinder wie immer auf Griechisch! Bevor Sie mit der folgenden Geschichte beginnen, lassen Sie von den Kindern mit grünen und braunen Tüchern eine Insel in die Mitte des Erzählkreises legen. Mit blauen Tüchern wird das Meer um die „griechische Insel" dargestellt. Danach platzieren Sie „griechische Häuser", aus Schuhschachteln gebastelt, mit kleinen Stühlen und einem Tisch davor (aus dem Puppenhaus) auf die Landschaft. Eine Windmühle (→ S. 66) vervollständigt das Bild von einem griechischen Dorf.

Mit ein paar Worten leiten Sie dann zur Geschichte über, die den Kindern ein wenig Einblick in die Idylle einer griechischen Insel gibt.

Erzählung

„Das Häuschen ist in Wirklichkeit genauso bezaubernd schön wie auf dem Foto", sagt Mama als sie vor ihrem Feriendomizil ankommen. Die Wände sind strahlend weiß gekalkt, die Türen und Fenster meerblau gestrichen, auch das Tischchen und die Stühle auf der Veranda. Über das Vordach ranken sich üppig pinkfarbene Blüten, die man Bouganville nennt, und vor dem Eingang stehen gleich mehrere Töpfe mit duftenden Kräutern.

Den Schlüssel müssen sie bei Dimitri im Haus nebenan holen. Er wartet schon auf der Veranda mit seiner Frau Sofia und Sohn Nico auf die Ankunft der Familie. Mit einem freundlichen: „Jia su, kalispera!" (Hallo, guten Abend!) und „Kalos Ilthate!" (Herzlich Willkommen!) eilt die griechische Familie ihren Gästen entgegen. Eine herzliche Umarmung ist der Willkommensgruß.

Drinnen ist alles blau-weiß gestrichen, genauso wie außen. Auf dem Küchentisch steht eine prächtige Schale mit frischen Pfirsichen, Aprikosen, Weintrauben und einer großen Melone. „Das ist zur Begrüßung von uns. Es ist frisch aus dem eigenen Garten geerntet. Morgen werden wir euch alles zeigen", sagt Sofia und strahlt mit ihrer herzlichen Art, dass sich die Familie gleich wie bei alten Freunden fühlt.

Nach dieser langen Reise gehen alle sehr früh ins Bett. „Lena, denkst du auch, das Bett schaukelt wie ein Schiff?", flüstert Lukas seiner Schwester zu. „Ja, ja" antwortet sie und gähnt. Bis zum Einschlafen haben beide das Gefühl noch auf der Fähre zu sein, die von den Wellen getragen wird.

Am ersten Morgen frühstückt die Familie ausgiebig auf der Veranda unter einem Blütendach. Dazu finden sie im Kühlschrank griechischen Joghurt, Käse, Milch und Honig. „Seht mal, außen an der Haustüre hängt eine Tüte mit frischem Weißbrot!", ruft Lukas, als er gerade ein Paar Tassen nach draußen bringen will. Bei Ankunft war es schon etwas dunkel und so ist die Familie nun überrascht von der herrlichen Aussicht auf das türkisfarbene Meer und auf die weißen Häuser des Dorfes mit ihren Windmühlen. „So stelle ich mir das Paradies vor“, sagt Mama. Lena und Lukas wollen am liebsten schon vor dem Frühstück an den Strand. Aber Mama und Papa locken sie erst einmal mit der Besichtigung des großen Gartens von Sofia und Dimitri. Und wie sich das lohnt! So viel köstliches Obst direkt vom Baum zu naschen, wo gibt es das schon.

Dimitri, Sofia und Nico grüßen schon von weitem mit „Kalimera, ti kanete!“ und Papa, der Scherzkeks, antwortet mit „Kalimari“, was so ähnlich klingt wie „Kalimera“ aber nicht „Guten Morgen“ sondern „Tintenfisch“ bedeutet. Die griechische Familie lacht lauthals und versucht Papa zu korrigieren, bald aber merken sie, dass das nur ein Scherz war. Dann gehen sie in den Garten, der an einen Olivenhain angrenzt. Hier wachsen die köstlichsten Früchte an den Bäumen und in den Beeten gedeiht wundervolles Gemüse. Als Mama das sieht, bekommt sie richtig Lust zu kochen. „Zu Hause haben wir oft nicht die Zeit, mit Freude zu kochen, geschweige denn, die Kinder mithelfen zu lassen“, sagt Mama zu Sofia. „Ja ich verstehe schon! – Parakalo (bitte), bedienen Sie sich, wir haben so viel Frouta (Obst) und Lachanika (Gemüse), dass wir es alleine gar nicht essen können, “ antwortet Sofia. „Alles ist noch nicht reif, aber gegen Ende eures Urlaubes gibt es dann auch die ersten Karidia (Walnüsse), Sicas (Feigen) und Stafilia (Weintrauben)“, erklärt Dimitri. Er hebt seinen Sohn zu einem Ast hoch und Nico zeigt den Kindern, wie man Obst pflückt. „Seht, wenn sich beim Drehen der Pfirsich fast wie von selbst löst, ist er reif und schmeckt am besten,“ sagt Dimitri. Nico schenkt Lukas etwas schüchtern die Frucht mit einem „parakalo“ (Bitteschön) und Lukas antwortet mit „efcharisto, Nico!“ (Danke, Nico!) Mama sagt: „Die Pfirsiche direkt vom Baum, in der Sonne gereift, schmecken viel besser als bei uns zu Hause.“ Dimitri hebt Lena und Lukas hoch, damit sie es selbst ausprobieren können. Auf dem Weg zurück zum Haus denkt sich Lukas: „Ich bin wohl im Schlaraffenland gelandet, erst die Obstschale auf dem Tisch, dann der gefüllte Kühlschrank, das Brot an der Türe und dazu noch dieser Garten!“

Kreisspiel: Einladung zum Trauben Essen

Eine wunderbare Gastfreundschaft erleben, teilen, geben und nehmen, Freude am gemeinsamen Essen sind die Merkmale dieses Spiels.

Das braucht man
Trauben entsprechend der Anzahl der Kinder, eine Serviette pro Kind, große Schale, Tuch

Spielverlauf
Die Kinder suchen sich im Gruppenraum verteilt einen Platz und setzen sich auf den Boden. Vor jedem Kind liegt eine Serviette. In der Mitte des Raumes steht die Schale auf einem Tuch. Geben Sie jedem Kind eine kleine Rebe Trauben in die Hand und behalten Sie selbst auch eine. Nachdem jedes Kind Gelegenheit hatte, die Frucht genau zu betrachten, zu befühlen und daran zu riechen, legt jedes Kind seine Trauben auf die vor ihm ausgebreitete Serviette. Nun beginnen Sie das eigentliche Spiel und setzen sich nahe der Schale auf den Boden mit den Trauben in der Hand. Sie betrachten die Trauben von allen Seiten und sprechen kurz vor dem Abzupfen einer Weinbeere: „Eigentlich ist es schade, wenn ich meine Trauben alleine esse. Ich könnte doch meine Nachbarin (meinen Nachbarn) dazu einladen.“

Mit diesen Worten legen Sie Ihre Trauben in die bereit stehende Schale. Dann schauen Sie sich um und wählen ein Kind als Nachbarin (Nachbarn) und rufen: „Christina, komm und lass uns gemeinsam essen!“ Christina kommt, bringt ihre Trauben mit und setzt sich neben Sie. Sie isst jedoch nicht, sondern spricht ebenso: „Eigentlich ist es schade, wenn wir die Trauben alleine essen. Wir könnten doch unseren Nachbarn einladen.“ Damit legt sie ihre Trauben in die Schale, wählt aus der Gruppe einen Nachbarn und ruft: „Maxi, komm und lass uns gemeinsam essen!“ Maxi kommt, bringt seine Trauben mit, handelt und spricht wie zuvor seine Mitspieler.

Die Einladungen wiederholen sich solange, bis alle Kinder im Kreis zusammen sitzen. Selbstverständlich können die Kinder auch in ihrer Muttersprache die Einladung aussprechen.

Die Schale ist nun voll mit Trauben und das gemeinsame Essen beginnt mit einem „kali orexi“. Mit einem „efcharisto“ und einem „adio“ endet das Spiel.

Windmühle

Das braucht man
Papprolle, weißes und schwarzes Papier, Klebstoff, Schere, Stecknadel und zwei kleine Holzperlen

So wird's gemacht
Weißes Papier in der entsprechenden Größe zuschneiden und die Rolle damit bekleben. Für das Dach Kreis auf das weiße Papier aufzeichnen und einen Dreiviertelkreis davon ausschneiden. Diesen an den Kanten zum Kegel zusammen kleben. Fenster und Tür aus schwarzem Papier ausschneiden und aufkleben. Für das Mühlenrad ein Quadrat aus dem farbigen Papier ausschneiden, dieses zu einem Dreieck falten, öffnen und mit einer Vierteldrehung nochmals ein Dreieck falten. Entlang der Falzlinie von außen nach innen bis jeweils zur Hälfte einschneiden. Papierspitzen so zur Mitte des Kreuzes führen, dass sie aufeinander zu liegen kommen und mit ein wenig Klebstoff fixieren. Nadel von vorne in das Windrad stecken, dann 2 Holzperlen auffädeln und Windrad am Mühlenhaus befestigen.

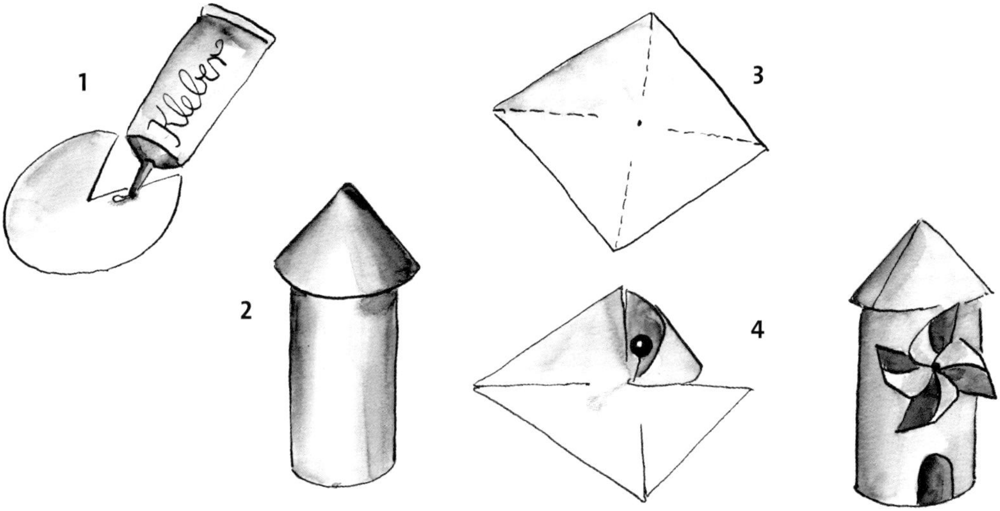

Bei den Fischern am Hafen

Einstimmung
Begrüßen Sie die Kinder wie immer mit „Jasas, Kalimerasas" und lassen Sie mit „Kalimera Kiria ..." antworten. Dann greift jedes Kind in einen zugedeckten Karton und versucht zu erraten, was darin sein könnte. – Ein Fischernetz (oder Ähnliches). Das Netz wird ausgepackt und auf dem Boden ausgebreitet. Danach leiten Sie zu folgender Geschichte über, in der Lena und Lukas in die Atmosphäre eines kleinen griechischen Fischerhafens eintauchen. Am Ende der Erzählung können Sie darauf hinweisen, dass Sie mit den Kindern Fische gestalten, die im Netz „gefangen" und dann an der Zimmerdecke aufgehängt werden.

Erzählung
Eines Abends lädt Sofia die Familie ein, am nächsten Morgen zu den Fischern an den Hafen mitzugehen. „Da heißt es früh aufstehen, Kinder", sagt Papa. Aber an der Art, wie er das sagt, wissen Lena und Lukas schon, dass es wieder ein Abenteuer geben wird und sie freuen sich

darauf. Am nächsten Morgen begrüßen sich alle herzlich und Papa macht wieder seinen Witz und sagt „Kalimari“ anstatt „Kalimera“. Alle lachen darüber und so beginnt der Tag mit Schwung. Dann spazieren sie zusammen in Richtung des kleinen Fischerhafens. Dimitri, Nico, Papa und Lukas, die Männer also, eilen voraus. Hinterdrein schlendern Sofia, Lena und Mama, die sich auf dem ganzen Weg angeregt über dieses und jenes unterhalten. Am Hafen angekommen, wissen Lena und Lukas erst gar nicht, wo sie zuerst hinschauen sollen. An der Hafenmauer stehen kleine Tische, an denen die Fischer und die ersten Kunden einen duftenden griechischen Kaffee schlürfen. Die Wellen klatschen glucksend an die Kaimauer und man spürt einen angenehmen leichten Wind, der vom Meer herüber weht. Aus den Tavernen dringt fröhliche griechische Musik und das Stimmengewirr der Gäste. Eine Mischung aus dem Geruch des Meeres und frischen, frittierten Fischen mit Knoblauch liegt in der Luft – und ein Hauch von Kaffee steigt allen in die Nase. Lena und Lukas schauen interessiert zu den Fischerbooten hinüber, die im Wasser schaukeln. Manche Fischer kommen mit ihrem Fang gerade erst vom Meer zurück. Dimitri erklärt: „Sie sind mit ihrem Kutter die ganze Nacht auf dem Wasser um zu fischen. Erst wenn sie genügend gefangen haben, kehren sie zurück. Bei Sturm müssen sie an Land bleiben, dann gibt es auch keinen frischen Fisch zu kaufen“. Anschließend schauen alle zu, wie einige Fischer sorgsam ihre Netze flicken. „Es kann passieren, dass sie an der einen oder anderen Stelle einreißen, wenn sie sehr voll beladen sind“, sagt Sofia.

Hinter den Fischerhütten, wo die Männer die Fische sortieren und zum Verkauf herrichten, machen sich beinahe 20 Katzen des Dorfes über die Abfälle her. Da geht es wild zu, keine gönnt der anderen einen Bissen. Plötzlich läuft eine schwarz-weiß gefleckte Katze mit einem großen Fisch im Maul direkt an Lena und Lukas Füßen vorbei. Eine Horde von Kindern rennt aufgeregt und mit wildem Geschrei hinterher. „Das ist Herakles, der frechste Kater der ganzen Meute. Alle im Dorf nennen ihn so, weil er so mutig ist. Der begnügt sich nicht mit Abfällen“, sagt Sofia und lacht sich halb schief. Dimitri ergänzt: „Herakles macht das immer, sooft ich hier bin, erlebe ich das gleiche. Der bestohlene Fischer wirft Herakles einen Stock hinterher und schimpft ganz fürchterlich. „Sag wenigstens efcharisto!", schreit er ihm hinterher. Insgeheim gefällt es ihm, dass der Kater so mutig ist und er gönnt ihm dann sogar die Delikatesse, die er für gutes Geld verkaufen könnte. Herakles verschwindet auf den Klippen am Meer. Dort genießt er seine Beute bis auf den letzten Rest ganz alleine.

Unten am Hafen haben sich schon längst wieder alle beruhigt. Ein Fischer schuppt extra für Sofia ein paar Fische so rasant, dass die schil-

lernden Schuppen nur so durch die Gegend fliegen. Als Lena neugierig zu nahe hingeht, bleiben ein paar davon auf ihrem pinkfarbenen T-Shirt kleben. „Jetzt siehst du aus wie der Regenbogenfisch!“, ruft Lukas und lacht, während Sofia gleich zur Hilfe eilt. Mama fällt gerade eine alte Geschichte ein: „Als ich noch eine sehr junge Hausfrau war und ich meinen ersten frischen Fisch gekauft habe, ist mir was passiert: Ich würzte ihn mit Salz und Pfeffer, beträufelte ihn mit viel Zitrone und füllte den Bauch mit feinen Kräutern. Danach habe ich ihn auf eine Folie ins Backrohr gelegt. Während ich den Salat zubereitete freute ich mich schon auf unser feines Abendessen – und ich wollte auch Papa imponieren, welch gute Köchin ich bin. Plötzlich roch es in der Küche abscheulich. Schnellstens öffnete ich das Backrohr und stellt euch vor, der Fisch war nicht geschuppt, er hatte in der Hitze seine Schuppen aufgestellt und das roch nicht nur fürchterlich, sondern sah auch fürchterlich aus. Damals war ich noch so unerfahren und wusste nicht, dass man einen frischen Fisch auch schuppen muss.“ Sofia lacht lauthals, und Lena und Lukas sind sehr verwundert. Sie können sich gar nicht vorstellen, dass ihre Mama einmal beim Kochen etwas falsch gemacht hat, wo sie doch am Herd immer etwas Feines zaubert. „Auf diese Geschichte müssen wir in der Taverne einen trinken, die ist ja so gelungen!“, sagt Dimitri und lädt die Frauen auf einen griechischen Kaffee ein. Die Männer trinken lieber einen Ouzo, das ist ein Anisschnaps mit Eiswürfeln. – Und die Kinder freuen sich über eine Eiscreme. Lukas flüstert seiner Schwester ins Ohr: „In Griechenland ist es toll, zu Hause gibt es am Vormittag noch kein Eis.“ Beide schauen sich ganz verschmitzt an und genießen ihr „Vormittagseis“. Sofia muss noch immer lachen und bringt deshalb ihre Worte nur mit Mühe über die Lippen: „Kommt doch einmal zu uns, dann zeige ich euch, wie man einen frischen Fisch und andere griechische Gerichte zubereitet. „Ja – und dann essen wir gemeinsam an unserem langen Tisch unter den Olivenbäumen bei Sonnenuntergang, das wird ein herrlicher Abend“, ergänzt Dimitri.

TIPPS

Die Erzählungen mit Lena und Lukas geben nur einen kleinen Ausschnitt aus dem griechischen Alltag auf dem Lande wieder. Uns ist es dabei wichtig den Kindern zu vermitteln, wie schön es ist, wenn dort die Menschen noch naturbezogen leben, Fisch frisch vom Meer kaufen, Obst und Gemüse anbauen und sich mit diesen Lebensmitteln, mit Liebe selbst zubereitet, gesund ernähren.

Die Kinder identifizieren sich in der Erzählung mit Lena und Lukas. Dabei erleben sie, dass gemeinsames Kochen und Backen alle in beste Laune versetzt. Sie erkennen aber auch, dass es sich lohnt, etwas mehr Arbeit zu investieren. Die Kinder finden dann so manches lecker, was sie sonst nicht einmal probieren würden. Auch das entsprechende Ambiente spielt beim Essen und Genießen eine wichtige Rolle. Diese Geschichte eignet sich unter anderem auch zur Einstimmung der Kita-Kinder für ein Kochprojekt, für das Sie im Rezeptteil viele Ideen finden.

In den Geschichten mit Lena und Lukas begegnen die Kinder Griechenland nur als Urlaubsland. Diese Erlebnisse bilden eine schöne Grundlage, um das Thema Griechenland weiter auszubauen. Die deutschen Kinder finden sicher bald mehr Interesse an den griechischen Kindern in ihrer Gruppe, die von ihrem Heimatland erzählen und angeregt das eine oder andere bei ihren Eltern erfragen. Dadurch wird der Bezug der griechischen Kinder zu ihren Wurzeln verstärkt, die Ich-Identität und die Bezugsgruppen-Identität unterstützt. Alle Kinder in der Gruppe entwickeln ein Bewusstsein für unterschiedliche Lebensformen.

Beziehen Sie auch die griechischen Eltern in Ihre Erzählrunden ein. Sicher haben sie die eine oder andere Geschichte aus ihrer Heimat parat, die für die Kinder von Interesse ist. Mit Bildern aus dem privaten Fotoalbum oder einem kleinen Video können sie der Gruppe besonders anschaulich erzählt werden.

Es lohnt sich auch Mütter zu fragen, ob sie Lust dazu hätten, mit den Kindern in der Kita Griechisch zu kochen. Auch unter den Vätern gibt es begeisterte Hobbyköche und Fans der griechischen Küche. So entsteht ein individueller Kochkurs, der allen Beteiligten Spaß macht und in einem griechischen Festessen seinen Höhepunkt findet.

SPIELE UND AKTIONEN

Fische-Würfelspiel

Das braucht man (für drei Teilnehmer)
4 Pappteller blau bemalt, 3 Trinkhalme, 1 Farbwürfel, 50 Tonpapierfische: 10 große rote und je 10 kleine gelbe, grüne, weiße und orangefarbene.

Spielregel
Jeder bekommt einen Trinkhalm und einen blauen Teller, symbolisch für das Meer. Der vierte Teller kommt mit allen Fischen in die Tischmitte.

Es wird reihum gewürfelt: Rot beginnt. Der Spieler saugt mit seinem Trinkhalm einen roten Fisch an und transportiert ihn zu seinem Teller. Fällt der Fisch vorher herunter, so muss er zurückgelegt werden. Dann würfelt das nächste Kind und versucht den Fisch mit der entsprechenden Farbe zu seinem Teller zu bringen. Würfelt jemand Schwarz, so muss er einen seiner gefangenen Fische wieder zurückgeben. Hat er noch keinen, so muss er einmal aussetzen.

Das Spiel ist zu Ende, wenn der mittlere Teller leergefischt ist. Derjenige mit den meisten Fischen hat gewonnen. Die großen, roten Fische zählen doppelt.

Angelspiel: Kater Herakles geht zum Fischen

Das wird gebraucht
Für das Aquarium: Schachtel, Plakafarbe in Blau und Grün, dicker und dünner Pinsel

Für die Fische: Karton, Silber- und Goldfarbe, Versandbeutel-Klammern, Schere

Für die Angel: Holzstäbchen, Schnur, kleiner Magnet, Klebstoff

Für ein Katzengesicht: Kinderschminkstift oder Katzenmaske

So wird's gemacht
Die Schachtel innen und außen mit blauer Farbe bemalen, trocknen lassen und danach außen mit Wasserpflanzen verzieren. Die Fische auf Karton zeichnen, mit Gold- und Silberfarbe anmalen, trocknen lassen und ausschneiden. Mit der Schere ein kleines Loch vorbohren und Versandbeutel-Klammern anbringen. Holzstäbchen an einem Ende mit Klebstoff bestreichen, ein Stück Angelschnur zweimal umwickeln und fest andrücken. Am Ende der Schnur den Magnet anbinden oder ankleben.

So wird gespielt
Das Kind, das an der Reihe ist, bekommt die Katzenmaske aufgesetzt oder Schnurrbarthaare ins Gesicht gemalt und wird so zum Kater Herakles, der fischen geht. Jeder darf der Reihe nach angeln.

Variante mit einem Planschbecken
Das gibt einen Riesenspaß im Garten, wenn das Planschbecken mit Wasser und etwas Badeschaum gefüllt wird. In Badekleidung wie im Urlaub, fischen die Kinder mit einem Köcher Plastikfische und anderes Meeresgetier.

Kochen lernen mit Sofia

Einstieg

Begrüßen Sie die Kinder wie bei jeder griechischen Erzählrunde in der Landessprache. Trinken Sie zusammen ein kleines Glas Traubensaft wie Lena und Lukas in der folgenden Geschichte.

Zeigen Sie Bilder oder Dias von Sonnenuntergängen zu klassischer oder griechischer Musik („Litany", von Mikis Theodorakis und Vassilis Saleas). Leiten Sie dann mit wenigen Worten zur Geschichte über, in der Lena und Lukas mit Eifer beim Kochen helfen und bei einem griechischen Abendessen einen Sonnenuntergang erleben.

Erzählung

„Bei uns spielt sich Vieles im Freien ab", sagt Sofia, als Lena und Lukas mit ihren Eltern am Spätnachmittag zum gemeinsamen Kochen eintreffen. Doch bevor es richtig los geht, wird erst einmal ausgiebig über die schönen Erlebnisse des Tages berichtet. Nach einer Weile des Erzählens mahnt Sofia: „Nun wird es Zeit, mit dem Kochen zu beginnen, sonst müssen wir hungrig zu Bett gehen". Geschickt versucht sie die Aufgaben zu verteilen und sie genauestens zu erklären. Aber Dimitri fällt ihr gleich ins Wort: „Oh, heute ist Sofia der Chef, also gut aufpassen!" Alle lachen und am lautesten Sofia. „Ich kann am besten Gemüse schnippeln!", ruft Lukas – „Ich auch!", meint Lena und Nico sagt: „Ego ne!" Lena und Lukas schauen Nico verwundert an: „Das kannst du doch, das ist ja babyleicht!", sagen sie wie aus einem Munde. Plötzlich lachen die Erwachsenen noch lauter als vorher und Dimitri erklärt: „Bei uns heißt ‚ne' ‚ja' und ihr Deutschen denkt immer, dass unser ‚ne' – ‚nein', bedeutet." „Nun ist alles klar, also an die Arbeit!", sagt Lukas und Lena meint: „Vielleicht sollten wir doch noch etwas mehr Griechisch lernen." Lena und Lukas macht es einen Riesenspaß, am Brunnen vor dem Haus das Gemüse zu waschen. Dann wird geschnippelt und gehobelt. Nach Anweisung von Sofia höhlen sie rote, gelbe und grüne Paprika und riesengroße Fleischtomaten aus, die dann zum Kochen mit Reis gefüllt werden. Natürlich wird dabei ganz schön genascht. „Oh je, wenn das so weitergeht, dann habe ich bald keinen Hunger mehr", sagt Lukas. Inzwischen bereiten die Väter den Grill für die Fische vor und die Mütter sind eifrig in der Küche beschäftigt. Aus jeder Ecke hört man Kichern und Lachen. Sofia sagt: „Heute decken wir den großen blauen Tisch unter den alten Olivenbäumen, dort haben wir dann am Abend eine angenehme kühle Brise. „Oh ja, und einen herrlichen Blick auf das Meer zum Sonnenuntergang", sagt Mama. Während Sofia die letzten Handgriffe für das Abendessen erledigt, weiß Dimitri Interessantes über die uralten Olivenbäume zu erzählen. „Das ist ein ganz besonderer Baum, unser wichtigster! Er ist 600 Jahre alt, das heißt, er ist älter als die meisten Häuser in unserem Dorf. Dieser Baum ist uns heilig!", sagt er ganz bedeutungsvoll. „Gegessen wird bei uns erst

nachdem die Sonne untergegangen ist", sagt Sofia, denn griechische Familien freuen sich darauf, an lauen Sommerabenden draußen zu sitzen und das Naturschauspiel eines Sonnenuntergangs zu bestaunen. „Es ist immer wieder ein wunderbares Erlebnis zu sehen, wie die goldene Sonne ins Wasser eintaucht. Nicht immer kann man das beobachten, manchmal hängen auch Wolken über dem Meer." „Dann taucht sie eben in die Wolken ein, das kann auch sehr schön sein", sagt Dimitri und legt klassische Musik auf. Wie im Kino sitzen sie alle da und beobachten bei wunderbaren Klängen, wie sich die Sonne immer stärker rot färbt und tiefer sinkt. Als die Sonne ins Meer eintaucht, sind alle ganz still. Das ist der schönste Augenblick! Dann fängt Sofia, wie in einem Theater, an zu klatschen und alle klatschen mit. Dimitri erhebt sein Glas und mit einem „Yamas!" – (Zum Wohl!) stoßen alle an, die Kinder mit Saft und die Erwachsenen natürlich mit Wein. „Jetzt ist es an der Zeit, das Essen aufzutragen!", ruft Sofia. Gemeinsam wurde so viel gekocht, dass auf der großen Tafel kein Plätzchen mehr frei bleibt. Die Vorspeisen kommen fast gleichzeitig mit den Hauptgerichten auf den Tisch. Jeder serviert eine Platte oder einen Teller mit Köstlichkeiten, schließlich hat ja auch jeder mitgekocht. Dimitri dekoriert ein paar kleine Windlichter auf dem langen blauen Tisch und hängt eine Laterne in einen Olivenbaum. Mit einem „Kali orexi"! (Guten Appetit) wird das Schlemmen eröffnet. „Herrlich, wie das riecht!", sagt Mama, bevor sie den ersten Bissen probiert und Papa meint: „Das feine Essen duftet mit der würzigen Luft, die durch den Olivenhain weht, um die Wette." Lena und Lukas fühlen sich wie im Schlaraffenland und neugierig probieren sie alles, von jedem einen kleinen Bissen und sie stellen fest: „Die griechische Küche schmeckt super!" Beim Nachtisch mit frischen Früchten aus dem Garten und dem zuckersüßen Baklava beobachten sie, wie sich inzwischen der Himmel und das Meer blutrot färben. Sie sitzen so lange und reden und lachen, bis es schon ganz dunkel ist und der Mond über die Hügel kommt. „Seht mal, wie er auf das glatte schwarze Meer einen Silberstreifen zaubert ..."

SPIELE UND AKTIONEN

Obst- und Gemüsememory

Dieses Spiel mit Motivpärchen können die Kinder mit Ihrer Hilfe gut selbst herstellen. Bevor die Kinder jedoch eine Auswahl an Bildern treffen, erkundigen sie sich bei ihren griechischen Spielkameraden, deren Eltern oder dem Besitzer vom griechischen Feinkostladen nebenan, welches Obst und Gemüse für Griechenland typisch ist.

Das braucht man

1 großer Bogen festes weißes Papier, Fotokarton in der gleichen Größe, Kleister, breiter Pinsel, Bleistift, Lineal, Schere, Klarlack/Sprühdose, zwei gleiche Lebensmittelprospekte oder Zeitschriften

So wird's gemacht

Den weißen Papierbogen auf die ebenso große Pappe kleben. Sie bildet die Kartenrückseite. Die Fläche in 5 x 5 cm große Quadrate aufteilen und sorgfältig ausschneiden. Das ist wichtig, damit die Kinder beim Spielen nicht erkennen können, um welches Bild es sich handelt.

Jeweils zwei gleiche Motive wie Zucchini, Paprikaschoten, Auberginen, Aprikosen, Weintrauben, Feigen, Pfirsiche aus den Prospekten oder Zeitschriften auswählen, ausschneiden und auf die Kärtchen aufkleben. Fehlen Bilder für Obst oder Gemüse, kann dieses auch aufgemalt werden. Karten am Ende mit Klarlack besprühen, um das Spiel haltbar zu machen.

Gespielt wird nach den bekannten Regeln des Memory. Wer am Ende die meisten Kartenpaare ergattert hat, ist griechischer Obst- und Gemüsekönig. Griechisch sprechende Spielkameraden verkünden ein wenig stolz, wie die Frucht in ihrer Sprache heißt oder aber, sie fragen bei ihren Eltern nach und können so beim nächsten Spiel mit ihrem neu erworbenen Wissen glänzen.

Besuch im griechischen Gemischtwaren-Laden

Sprechen Sie mit dem Inhaber des Ladens rechtzeitig über Ihre Idee, mit einer Kindergruppe sein Geschäft aufzusuchen. Sagen Sie ihm Ihre Vorstellung vom Ablauf des Besuches, er wird sicher gerne auf Ihre Wünsche und auf die Fragen der Kinder eingehen und sich die Zeit nehmen, die Kinder herumzuführen.

Die Kinder staunen auf ihrer Entdeckungstour über die tolle Dekoration im Laden. Sie sehen Obst- und Gemüseregale, die von einer Wand zur anderen reichen und alles bieten, was man für die griechische und deutsche Küche braucht. Stets knackig frisch, wird es schön sortiert in kleinen Kisten, stück- oder kiloweise angeboten.

Zahlreiche kleine Töpfe, bepflanzt mit frischen Kräutern, verströmen einen herrlichen Duft und animieren die Kinder daran zu riechen. Kaufen Sie einige Kräutertöpfe ein, daraus können Sie dann in der Kita ein Ratespiel entwickeln, in dem es darum geht, in welchem Topf zum Beispiel Zitronenmelisse, Petersilie, Minze, Basilikum, Thymian und andere Kräuter wachsen.

Zur großen Freude der Kinder liegt auf einem großen Teller griechisches Gebäck, das probiert werden darf. Auf ihrer Rundtour entdecken sie im Kühlregal, neben all den Produkten, die sie aus dem heimischen Supermarkt kennen, griechischen Joghurt, Ziegen- und Schafskäse und Päckchen mit Teigblättern. Erklären Sie den Kindern, dass es Fillo-Teigblätter sind, mit denen griechische Hausfrauen köstliche Pasteten herstellen und sie auch später einmal in der Kita etwas backen dürfen.

In der großen Kühlvitrine stehen Schalen und Gläser, die mit allerlei Köstlichkeiten gefüllt sind. Da gibt es grüne, violette und schwarze Oliven, Tsatsiki, in Olivenöl eingelegte Paprikaschoten, gefüllte Weinblätter und eine rosafarbene Fischpaste. Verschiedene Sorten von Schafskäse liegen in einer Salzlake offen in Schalen. Vieles gibt es zu entdecken, manches ist den Kindern schon bekannt, Neues erklärt ihnen der Ladenbesitzer gerne. Doch dabei bleibt es nicht, die Kinder dürfen auch naschen und probieren. Gemeinsam wird ausgewählt und für die Kita eingekauft. Die Ware aus der Kühlvitrine wird vom Ver-

käufer in kleine Plastikdosen gefüllt und in eine Tüte gepackt. Dazu kommt noch griechisches Brot. Entweder Fladenbrot oder weißes Stangenbrot, „frantzola“ genannt oder zum Probieren gleich beides. Natürlich bezahlen die Kinder selbst, packen alles in einen mitgebrachten Korb und verabschieden sich mit einem „efcharisto“ und „adio“ vom freundlichen Ladenbesitzer.
Zurück in der Kita, werden die griechischen Sets (→ S. 44) auf die Tische gelegt, die Windlichter (→ S. 44) beleuchtet und griechische Musik aufgelegt. In dieser stimmungsvollen Atmosphäre genießen die Kinder ihren Einkauf in kleinen Häppchen und erzählen von ihren Besuch im griechischen Laden.

Kostprobe mit Oliven und Käse

Oliven sind die Früchte des Ölbaums, der rund um das Mittelmeer wächst und bis zu 2000 Jahre alt werden kann. Eine alte Regel der Olivenbauern besagt, dass es drei Generationen braucht, bis ein Olivenbaum Nutzen bringt: Der Großvater pflanzt ihn, der Vater beschneidet ihn und der Sohn erntet die Früchte und presst das Öl. Die Ernte beginnt im Herbst mit den grünen, noch unreifen Oliven, gefolgt von den halbreifen lilafarbenen und den reifen schwarzen, die im Winter geerntet werden.

Das braucht man
Abbildung eines Olivenbaumes, eventuell kleines Olivenbäumchen im Topf, verschiedene Oliven, griechischen Hartkäse, Party-Spießchen, Tortendeckchen, Weißbrot, Olivenöl, Salz

So wird’s gemacht
Bereiten Sie mit den Kindern eine kleine Kostprobe mit Käsewürfeln und Oliven vor. Liebevoll präsentiert auf Tortendeckchen und auf bunte Party-Spießchen aufgesteckt, sind Käse und Oliven auch ein Genuss für das Auge. In der Gruppe macht es Spaß, ganz zwanglos mal von diesem und jenem zu kosten.

Dann wird eine Glasschale mit ein wenig Öl herum gereicht. Die Kinder nehmen die ölige Beschaffenheit, die goldene Farbe und das fruchtig-würzige Aroma wahr.
Als weitere Kostprobe werden kleine Weißbrotscheiben gereicht, beträufelt mit ein wenig Olivenöl und mit Salz bestreut.
Neugierig geworden, wollen die Kinder noch mehr über Oliven wissen. Gemeinsam betrachten die Kinder nun den Olivenbaum, seinen Stamm, die Form und Farbe seiner Blätter und die Früchte. Vielleicht findet sich auch ein Bild von einem uralten Ölbaum mit seinem knorrigen, zerfurchten Stamm. Die Kinder erfahren allerlei Wissenswertes über Oliven und Olivenöl. Für Fragen, die auftauchen und nicht gleich beantwortet werden können, wird in entsprechenden Büchern nachgeschlagen oder bei den Eltern, allen voran den griechischen, nachgefragt.

4. GRIECHISCHE KÜCHE

KLEINE KOCHSCHULE FÜR JUNIORKÖCHE

Bevor es losgeht, dürfen ein paar Vorsichtsmaßnahmen und Erklärungen für die Kinder nicht fehlen. Damit sich die Küchenregeln gut einprägen, werden diese von den Kindern auf einem Plakat aufgemalt oder aufgeschrieben und gut sichtbar für alle im Küchenbereich aufgehängt.

Zehn wichtige Tipps für Köche

1. Wasche vor dem Kochen oder Backen immer deine Hände!
2. Lange Haare müssen mit einem Gummi zusammengebunden werden!
3. Binde eine Schürze um und schiebe deine Ärmel zurück!
4. Gib Acht beim Gebrauch von scharfen Gegenständen (Messer, Reiben, Konserven)!
5. Benutze bei heißen Töpfen und Backformen immer einen Topflappen!
6. Sei vorsichtig mit heißen Flüssigkeiten und Herdplatten!
7. Stelle die Herdplatte kleiner, wenn die Speisen kochen, da sonst das Essen anbrennt oder verkocht!
8. Schaffe immer gleich Ordnung in der Küche, auch während des Kochens.
9. Kontrolliere beim Verlassen der Küche, ob die Herdplatten alle ausgeschaltet sind!
10. Aufräumen muss sein! Gemeinsam geht es schneller!

KOCHKLEIDUNG FÜR JUNIORKÖCHE

Kochhaube

Damit kein Haar in die Suppe fällt, trägt der Koch eine Haube. Diese können Kinder mit ein wenig Unterstützung leicht selbst herstellen.

Das braucht man
Wollfaden, Messband, Lineal, weiße Pappe, weißes Seidenpapier, Hefter, Kleber, Lineal, Stift, Schere, Faden, Nadel, bunte Edding-Stifte

So wird's gemacht
Kopfumfang des Kindes mit dem Wollfaden abmessen. Streifenband aus Pappe für die Kochhaube ausschneiden. Die Länge entspricht dabei der Länge des Wollfadens, plus 5cm Klebefläche. Die Breite des Streifens ist cirka 20 cm. Streifenband zu einem Ring schließen, dem Kopfumfang anpassen und zusammen heften. Aus dem Seidenpapier einen Kreis ausschneiden, dessen Durchmesser ein Dreifaches des Kopfumfanges beträgt. Grundsätzlich gilt die Regel: Je größer der Kreis, desto höher die Kochhaube. Mit Nadel und Faden 1 cm vom Rand entfernt das Papier reihen, mit Hilfe des Fadens Kreis auf den Kopfumfang zusammenziehen und den Faden verknoten. Die Falten gleichmäßig verteilen und Papiermütze in den Ring kleben.

Damit die Köche ihre Hauben wiedererkennen, schreibt jedes Kind seinen Namen darauf.

Küchenschürze

Damit sich die „Juniorköche" beim Kochen nicht schmutzig machen, tragen sie am besten Schürzen. Diese lassen sich schnell und einfach aus Geschirrtüchern in den landestypischen Farben Weiß und Blau nähen. Während Kinder im Schulalter sich ihre Schürzen bereits selbst nähen können, übernehmen für die Kleinen sicher ihre Mütter diese Aufgabe.

Das braucht man
Rechteckiges weiß-blau gemustertes Geschirrtuch, weiße Baumwollbänder (ca. 1 x 50 cm, 2 x 80 cm), Faden und Nadel

So wird's gemacht
Am oberen Rand des Stofftuches rechts und links eine 2 cm tiefe Falte, cirka 5 cm vom Rand entfernt legen und mit ein paar Nadelstichen fixieren. Die Schürze wird damit nach oben hin etwas schmaler. Rechts und links am oberen Tuchrand das 50 cm lange Band annähen, das so zur Umhängeschlaufe wird. Die längeren Bänder seitlich in Taillenhöhe annähen. Sie sollten so lang sein, dass sie hinten überkreuzt und dann zum Zubinden wieder nach vorne geführt werden können.

REZEPTE, DIE KINDER MÖGEN

Fragen Sie die griechischen Kinder nach ihren Lieblingsspeisen und lassen sie diese auch beschreiben. Dabei werden sie ins Schwärmen geraten und andere Kinder neugierig machen. Das eine oder andere Gericht ist vielleicht schon bekannt, nur wussten die Kinder bis jetzt nicht, dass es ein griechisches ist. Wählen Sie dann mit den Kindern die Speisen im Rezeptteil unseres Buches aus, die Sie gemeinsam zubereiten wollen. Für jeden ist etwas Leckeres zu finden! Bei der Zusammenstellung haben wir darauf geachtet, dass die „Juniorköche" bei der Zubereitung möglichst viel selbstständig bewerkstelligen können. Je nach Alter und Geschick der Kinder ist die Unterstützung eines Erwachsenen mehr oder weniger erforderlich.

Weiterhin war es uns wichtig, nur Speisen auszuwählen, die Kinder im Allgemeinen mögen. Unsere Rezepte beziehen sich, wenn nichts anderes angeben ist, auf vier erwachsene Personen. Da Kinder kleinere

Portionen zu sich nehmen oder auch nur probieren wollen, sollte dies bei der Mengenangabe der Zutaten berücksichtigt werden.

Auch haben wir daran gedacht, dass des öfteren den nichtgriechischen Erwachsenen und Kindern die Nachspeisen und Kuchen zu süß sind. Deshalb ist der Zucker bei den Mengenangaben bereits reduziert.

Aromatisches Öl

Das wird gebraucht
Helle Flaschen oder Gläser mit einem Deckel oder Korken, verschiedene Kräuter und ein gutes Öl. Die besten Ergebnisse erzielen Sie mit Olivenöl (oder geschmacksneutralem). Sie verfeinern damit jedes Gericht und geben ihm eine mediterrane Note. Dekoriert mit Bast, hübschen Bändern und Etiketten sind die Flaschen außerdem eine Zierde für das Küchenregal und eine originelle Geschenkidee für Hobbyköche.

Zubereitung
Achten Sie darauf, dass alle Gefäße und Verschlüsse völlig sauber sind, bevor Sie diese verwenden. Kräuter, die in Öl eingelegt werden, müssen gut trocken sein. Gewürztes Öl sollte nach zwei bis drei Wochen gefiltert und die Zutaten entfernt werden. Die Zutaten können in der Flasche bleiben, so lange sie mit Öl bedeckt sind. Das Öl ist drei bis vier Monate haltbar.

Für beide Rezepte gilt die gleiche Art der Zubereitung: Zutaten in saubere Flaschen füllen, mit Öl übergießen, Flaschen gut verschließen, an einem sonnigen Platz durchziehen lassen.

Griechisches Kräuteröl
1 bis 2 Zweige Rosmarin, 2 Zweige Thymian, 2 bis 3 Zweige Majoran, Olivenöl

Salbei-Knoblauch-Öl
2 Zweige Salbei, 6 Knoblauchzehen, Olivenöl

Fratzola – Griechisches Weißbrot

Aus dem Teig kann man sowohl einen länglichen Brotlaib als auch Brötchen formen. Mit Kindern ist es vielleicht sinnvoller, Brötchen zu backen, dann bekommt jedes Kind von der gemeinsam hergestellten Teigmenge seinen eigenen Anteil, den es kräftig durchkneten und dann in kleine Brote formen kann.

Das braucht man für etwa 15 Brötchen
750 g Weizenmehl (Typ 405), 42 g Frisch-Hefe (ersatzweise 1 Päckchen Trockenhefe), 1 gestrichener TL Zucker, 1 gehäufter TL Salz, etwa ½ l lauwarme Milch. Zum Bestreichen ein verquirltes Ei. Zum Bestreuen: Sesamsamen

Material
Elektrisches Rührgerät, Knethaken, Rührschüssel, Backpapier, Backblech, Waage, Messbecher

So wird's gemacht
Das Mehl in eine große Schüssel geben, in die Mitte eine Vertiefung drücken und die Hefe hineinbröckeln. Den Zucker und ½ Tasse Milch darüber geben. 15 Minuten gehen lassen.

Die restlichen Zutaten in die Schüssel geben und mit dem Knethaken durchkneten, bis sich der Teig vom Schüsselrand löst.

Den Teig mit Mehl bestäuben, abgedeckt gehen lassen bis er etwa die doppelte Größe erreicht hat (ca. 30 Minuten).

Den Teig nach Anzahl der Kinder in Portionen teilen. Jede Portion mit bemehlten Händen durchkneten und zu Brötchen formen, etwas flach drücken und auf das mit Backpapier ausgelegte Backblech setzen. Sesamsamen auf die Brötchen streuen. Abgedeckt erneut etwa 20 Minuten gehen lassen. Die Teigstücke mit dem verquirlten Ei bestreichen und das Blech auf mittlerer Schiene in den vorgeheizten Ofen schieben.

Backzeit: etwa 15–20 Minuten bei 250 Grad (Umluft 230 Grad).

Variation: Brot in Fischform
Die Brötchen in Form eines Fisches auf das Backblech legen. Aus Teigresten die Flossen formen. Für das Auge Sonnenblumen- oder Kürbiskerne verwenden. Fischkörper mit verquirltem Ei bestreichen und wie oben angegeben backen.

Horiatiki salata – Bauernsalat

Das braucht man
2 Fleischtomaten, ½ Salatgurke, 1 grüne Paprikaschote, 1 Zwiebel, schwarze Oliven ohne Stein, 100 g Schafskäse, 3 Oreganozweige (ersatzweise getrockneter Oregano), ½ TL Salz, Pfeffer, je 2 EL Essig und Olivenöl

So wird's gemacht
Die Tomaten, Salatgurke und die Paprika waschen. Die Tomaten halbieren, den Stielansatz entfernen und das Fruchtfleisch in Würfel schneiden. Die Gurke schälen, halbieren und in ½ cm dicke Scheiben schneiden.

Die Paprika ebenfalls halbieren. Die weißen Innenhäute und die Kerne entfernen. Die Paprika in Streifen schneiden. Die Zwiebel abziehen, halbieren und in dünne Ringe schneiden.

Tomaten, Paprika, Gurke und Zwiebel mit den Oliven in eine große Schüssel geben.

Den Schafskäse in kleine Würfel schneiden. Die Oreganozweige waschen, trocken schütteln, die Blättchen abzupfen und beiseite stellen.

In einer kleinen Schüssel Salz und Pfeffer mit dem Essig verrühren. Das Öl dazugeben, alles zu einer Marinade schlagen und über den Salat gießen.

Den Salat vorsichtig vermischen und die Schafskäsewürfel darauf geben. Den Salat mit den Oreganoblättchen bestreuen und servieren. Getrockneter Oregano ist sehr geschmacksintensiv und darf nur sehr sparsam verwendet werden. Dazu Fladen- oder Weißbrot reichen.

Tomaten-Gurken-Fisch

Einige der Zutaten für einen Bauernsalat werden originell auf einer Platte zu einem Fisch drapiert.

Das braucht man
Tomaten, Gurke, Zwiebel, Olive, Paprika

So wird's gemacht
Tomaten, Gurke und Zwiebel in Scheiben schneiden. Als Schuppen zur Fischform auf die Platte legen. Von der Olive ein Scheibchen abschneiden und als Auge auf den Fisch legen. Die Form der Flossen aus der Paprika schneiden und an den Fischkörper legen. Die restlichen Olivenscheiben als Luftblasen vor das Fischmaul legen.

Tsatsiki – Gurken-Knoblauch-Joghurt

Das braucht man
½ Salatgurke, 3 Knoblauchzehen, 400 g griechischen Joghurt (10 % Fett), 4 EL Olivenöl, Salz

So wird's gemacht
Salatgurke schälen und grob reiben. Die Gurkenmasse in einem Sieb gut ausdrücken. Joghurt mit dem Olivenöl in einer Schüssel glatt rühren, Knoblauch schälen und dazu pressen. Gurke untermischen und mit Salz würzen.

Tsatsiki zugedeckt etwa 1 Stunde im Kühlschrank ziehen lassen, dann servieren.

Dazu passt Weiß- und Fladenbrot. Für Kinder eventuell weniger Knoblauch verwenden.

Soupa choriatiki – Bauernsuppe

Das braucht man
180 g mittelgroße Zwiebeln, 2 Stangen Lauch, 300 g Möhren, 3 Stangen Bleichsellerie, 150 g Speck (durchwachsen, ohne Schwarte), 300 g kleine Zucchini, 200 g Tomaten, 200 g mittelgroße Kartoffeln festkochend, 6 EL Olivenöl, Salz, Pfeffer, 1 Bund Petersilie, 1 TL getrockneter Oregano

So wird's gemacht
Zwiebel schälen und klein würfeln. Lauch von den harten grünen Blättern und Wurzelansätzen befreien, längs halbieren, waschen und in Streifen schneiden.

Möhren schälen und klein würfeln. Bleichsellerie waschen und in Stückchen schneiden.

Den Speck klein würfeln. Zucchini waschen und Stiel- und Blütenansätze entfernen. Dann in etwa 1 cm dicke Scheiben schneiden. Von den Tomaten Stielansatz entfernen und Fruchtfleisch klein würfeln. Kartoffeln schälen und klein würfeln.

In einem Suppentopf 6 EL Olivenöl erhitzen und den Speck bei mittlerer Hitze etwa 1 Minute anbraten. Zwiebeln und Gemüse untermischen und etwa 1 Minute anschmoren.

1 ¼ l heißes Wasser dazu geben und das Gemüse bei schwacher Hitze zugedeckt ca. 30 Minuten garen. Petersilie abspülen, trocken schütteln und Blätter klein hacken. Suppe mit Salz und etwas Pfeffer abschmecken, Petersilie und Oregano unterrühren und die Suppe servieren.

Dolmadakia – Gefüllte Weinblätter

Das wird gebraucht
150 g eingelegte Weinblätter (Fertigprodukt, in griechischen Fachgeschäften erhältlich), 250 g Rinderhackfleisch, 150 g gekochter Reis, 1 gewürfelte Zwiebel, 1 Bund gehackte Petersilie, Salz, Pfeffer, 100 g Butter, 2 Eier, Saft von einer Zitrone

Material
Großer Topf, Schaumkelle, sauberes Geschirrtuch, Schüssel, Messer, Teller (wird zum Beschweren in den Topf gelegt), elektrisches Rührgerät, Rührschüssel, Zitronenpresse

So wird's gemacht
In einem großen Topf Wasser zum Kochen bringen. Die Weinblätter vorsichtig auseinander nehmen und 5–8 Minuten vorgaren. Mit der Schaumkelle herausnehmen, abtropfen lassen und Weinblätter mit der glänzenden Seite nach unten auf einem Tuch auslegen.

In einer Schüssel Hackfleisch, gekochten Reis, Zwiebel und Petersilie gut miteinander vermengen. Die Mischung mit Salz und Pfeffer würzen.

Auf die Weinblätter jeweils 1 EL Hackfleisch-Reis-Mischung in die Mitte geben, die seitlichen Blattspitzen darüber schlagen und die Füllung zur Blattspitze hin einwickeln.

Die gefüllten Weinblätter kreisförmig nebeneinander in einen Topf legen. Die Butter in dicken Flocken darüber verteilen und den Topf mit Wasser füllen, bis die Weinblätter ganz bedeckt sind. Einen Teller mit der Oberseite nach unten auf die Weinblätter legen und diese zugedeckt bei milder Hitze etwa eine ¾ Stunde garen.

Die Eier trennen. Die Eiweiße steif schlagen. Unter weiterem Schlagen zuerst die Eigelbe, dann den Zitronensaft unterrühren. Vorsichtig 3 bis 4 EL Sud unter die Ei-Soße ziehen und diese zusammen mit den gefüllten Weinblättern servieren.

Domates me tirosalata – Tomaten mit Käsecreme

Das braucht man
300 g Kirschtomaten, Salz, 100 g Schafskäse (Feta), ca. 75 g griechischen Sahnejoghurt (10 % Fett), 1 Frühlingszwiebel, 1 Knoblauchzehe, 1 TL Zitronensaft, ½ TL süßes Paprikapulver, 1 Prise Cayennepfeffer

Material
Gemüsemesser, Arbeitsbretter, Kugelausstecher (ersatzweise Mokkalöffelchen), Küchenpapier, Schüssel, Gabel, Knoblauchpresse, Zitronenpresse, Teelöffel, Platte

So wird's gemacht
Die Tomaten waschen und oben einen Deckel abschneiden. Die Tomaten mit einem Kugelausstecher aushöhlen, innen salzen und mit der Öffnung nach unten auf Küchenpapier abtropfen lassen.

Den Schafskäse in eine Schüssel bröckeln und mit einer Gabel fein zerbröseln. Nach und nach so viel Joghurt untermischen, bis eine dickcremige Masse entsteht.

Die Frühlingszwiebel waschen und putzen, den hellen Teil sehr fein würfeln, zu der Creme geben. Knoblauch schälen und dazupressen.

Mit Zitronensaft, Paprikapulver und Cayennepfeffer würzen (Salz ist nicht nötig).

Die Tomaten mit einem Teelöffel von der Käsecreme füllen und auf einer Platte anrichten. Das Grün der Frühlingszwiebel in Ringe schneiden und darüber streuen.

Spanakopitta – Spinat-Käse-Taschen

Mit Käse und Gemüse gefüllte Teigtaschen zählen zu den Klassikern der griechischen Küche. Pasteten, auf Griechisch „Pitta", kommen knusprig und ofenwarm auf den Tisch, schmecken aber auch kalt.

Im Originalrezept werden die Taschen mit Fillo-Teig hergestellt, der an Blätterteig erinnert, aber viel feiner ist. Für das Backen mit Kindern empfehlen wir Fertig-Blätterteig, da er leichter zu bearbeiten ist.

Das braucht man für 12 Teigtaschen
1 Packung tiefgekühlten Blätterteig (6 Scheiben, 450 g), 1 Packung tiefgekühlten Blattspinat (450 g), 150 g griechischen Frischkäse (Mizithra, ersatzweise 100 g Feta und 50 g Sahnequark), Salz, Pfeffer, etwas Mehl, 1 Eigelb

Material
Topf, Sieb, Arbeitsbrett, Gemüsemesser, Löffel, Gabel, Nudelholz, Backpapier, Backblech, Backpinsel, Tasse

So wird's gemacht
Den Blätterteig aus der Packung nehmen, einzeln auslegen und 20 Minuten bei Zimmertemperatur auftauen lassen.

Den Spinat aus der Packung nehmen, kurz heißes Wasser darüber laufen lassen und im Topf auf kleinster Stufe etwa 15 Minuten auftauen lassen.

In ein Sieb geben und kalt überbrausen. Auspressen und hacken, mit dem Frischkäse vermischen, salzen und pfeffern. Bei der Verwendung von Feta ist Salzen nicht erforderlich!

Arbeitsfläche mit Mehl bestäuben. Die Teigplatten darauf legen, quer halbieren und mit dem Nudelholz zu Quadraten ausrollen. Den Backofen auf 200 Grad (Umluft 180 Grad) vorheizen.

Auf jedes Teigquadrat auf die untere Hälfte etwa 2 Esslöffel Spinat-Käse-Mischung setzen. Dann die obere Teighälfte darüber klappen, sodass eine Tasche entsteht. Die Ränder rundherum fest andrücken.

Das Eigelb in einer Tasse mit einer Gabel verrühren. Die Taschen auf ein mit Backpapier ausgelegtes Backblech setzen und mit dem Eigelb bestreichen.

Die Blätterteigtaschen mit Topfhandschuhen auf die mittlere Schiene im Backofen schieben und etwa 20 Minuten goldgelb backen.

Pastitsio – Makkaroniauflauf mit Bechamelsauce

Das braucht man
Für die Nudel-Hackfleisch-Mischung: 300 g Makkaroni, Salz, 4 EL Olivenöl, 300 g gemischtes Hackfleisch, 2 gewürfelte Zwiebeln, 2 geschälte Tomaten (aus der Dose), Pfeffer, ¼ Liter Gemüsebrühe, 1 EL gehackte Petersilie

Für die Bechamelsoße: 6 EL Mehl, 3 EL Butter, ¼ Liter Milch, 1 verquirltes Ei, Salz und Pfeffer, 1 Prise Muskat, 1 EL Zitronensaft

Außerdem: Fett für die Form, 4 EL geriebener Hartkäse, falls erhältlich Kefalotiri

So wird's gemacht
Die Makkaroni in kochendem Salzwasser in etwa 12 Minuten bissfest garen. Dann in Sieb geben, mit kaltem Wasser abbrausen und

abtropfen lassen. Das Öl in einer Pfanne erhitzen und die Zwiebel bei mittlerer Hitze glasig braten. Hackfleisch dazugeben, zerkleinern und rundum kräftig anbraten.

Die Tomaten zum Hackfleisch geben und mit einer Gabel zerdrücken. Das Ganze salzen, pfeffern und etwa 5 Minuten dünsten. Mit der Gemüsebrühe ablöschen, gut umrühren und nochmals 10 Minuten garen. Die Petersilie unterziehen.

Den Backofen auf 200 Grad vorheizen.

Für die Bechamelsoße das Mehl in der Butter anschwitzen, unter ständigem Rühren die Milch langsam zufügen und aufkochen lassen. Soße mit Salz und Pfeffer, Muskat und Zitronensaft abschmecken. Topf vom Herd nehmen, Soße leicht abkühlen lassen und das Ei unterrühren.

Eine feuerfeste Form einfetten. Die Hälfte der Makkaroni auf den Boden schichten. Hackfleisch auf die Makkaroni streichen. Restliche Makkaroni darüber legen und Soße gleichmäßig darauf verteilen. Zuletzt Käse darüber streuen.

Den Auflauf etwa eine ¾ Stunde im Ofen backen, bis sich die Oberfläche bräunt. In kleine Portionen schneiden und servieren. Dazu passt gut ein Bauernsalat.

Kartoffelpüree mit Olivenöl

Das braucht man
750 g mehlige Kartoffeln, 200 bis 300 ml Olivenöl – extra virgine, Salz, Pfeffer. Nach belieben zur Verfeinerung: Muskatnuss, 1 gepresste Knoblauchzehe oder Kräuter

So wird's gemacht
Kartoffel schälen, halbieren und in Salzwasser gar kochen. Wasser abgießen und auf kleiner Hitze 2–3 Minuten ausdampfen lassen.

Durch die Kartoffelpresse drücken und mit dem Kartoffelstampfer zerdrücken. Nach und nach das Olivenöl unterschlagen und mit den oben genannten Zutaten abschmecken.

Souvlaki im Fladenbrot

Das braucht man
1 Fladenbrot, Butter zum Bestreichen, 250 g Schweine- oder Kalbsfilet, Salz, schwarzer Pfeffer, 2 Prisen getrockneten Oregano, 2 EL Olivenöl, 2 Zwiebeln, 1 große Tomate, 4 EL gehackte Petersilie, Rosenpaprikapulver nach Belieben; Material: Holzspieße

So wird's gemacht
Den Backofen auf 250 Grad vorheizen. Das Fladenbrot vierteln und jedes Viertel zu einer Tasche aufschneiden. Die Innenseiten jeweils mit Butter bestreichen und die Fladenviertel etwa 10 Minuten im Backofen aufbacken.

Inzwischen das Fleisch in mundgerechte Würfel schneiden und diese mit Salz, Pfeffer und Oregano würzen.

Die Fleischstücke auf 4 Holzspieße verteilen. Das Olivenöl in der Pfanne erhitzen und die Spieße darin pro Seite jeweils etwa 5 Minuten braten.

Die Zwiebeln schälen und in Halbringe schneiden. Die Tomate vom Stielansatz befreien und in Scheiben schneiden. Das Fleisch von den Spießen streifen.

In jedes Fladenviertel Zwiebelringe, Tomatenscheiben, Petersilie sowie Fleischstücke füllen und alles nach Belieben mit Paprika würzen.

Tipp: Ein Fladenviertel reicht im allgemeinen für zwei Kinder. Gut schmeckt zum Souvlaki-Gericht Tsatsiki.

Jemistes Piperies – Gefüllte Paprikaschoten

Das braucht man

8 Paprikaschoten (gelb, rot und grün), 120 ml Olivenöl, 2 gewürfelte Zwiebeln, 100 g Reis (Basmati), 200 g gemischtes Hackfleisch, 350 ml Tomatensaft, Salz, Pfeffer, 1 Bund gehackte Petersilie, 4 TL Zucker

So wird's gemacht

Von den Paprikaschoten jeweils einen runden Deckel wegschneiden. Die Schoten von weißen Trennwänden und Kernen befreien und außen und innen unter fließendem Wasser waschen. Schoten in eine Auflaufform legen.

Vier EL Öl erhitzen und die Zwiebeln darin glasig dünsten. Reis und Hackfleisch dazugeben, gut umrühren und etwa 5 Minuten braten.

Nun ¼ Liter Tomatensaft angießen, salzen und pfeffern. 100 ml Wasser hinzufügen, umrühren und alles bei geringer Hitze etwa eine Viertelstunde schmoren. Zuletzt Petersilie einrühren.

Backofen auf 200 Grad vorheizen. Jede Schote innen mit einem halben Teelöffel Zucker bestreuen und mit der Reis-Fleisch-Mischung bis knapp unter den Rand füllen. Die Schoten jeweils mit den Deckeln verschließen und aufrecht in die Form stellen.

Restliches Öl und restlichen Tomatensaft in die Form gießen und alles nochmals mit Salz und ein wenig Pfeffer würzen. Das Gericht etwa 1 Stunde im Herd backen.

Jaurti me karidia-meli – Walnuss-Honig auf Joghurt

Das braucht man

500 g griechischen Sahnejoghurt, 5 EL flüssigen Honig, 4 EL gehackte Walnüsse

So wird's gemacht
Den Joghurt verrühren und auf 5 Schälchen verteilen. Jeweils einen EL Honig darüber geben. In einer Pfanne Walnusskerne vorsichtig anrösten und abkühlen lassen. Jede Portion mit den Nüssen bestreuen.

Griechische Zimtplätzchen

Das braucht man für 50 Stück
300 g Mehl, 150 g Zucker, 100 g Butter, 2 TL Backpulver, ½ Tasse Rosinen, 1 TL Zimt, 2 Eier

So wird's gemacht
Zucker, Butter und Eier mit dem Handmixer schaumig rühren, dann die restlichen Zutaten dazugeben und vermischen. Wenn der Teig zu fest geworden ist, mit etwas Milch oder Wasser verdünnen. Ist er zu weich, dann etwas Mehl dazugeben. Mit einem Teelöffel Häufchen abteilen und auf ein gefettetes Backblech geben.

Bei 175 Grad ca. 20 Minuten auf der unteren Schiene backen.

Melomakarona – Honigküchlein

Das braucht man für 20 Stück
Für den Teig: 210 g Mehl, 1 TL Backpulver, 1 EL fein abgeriebene Schale einer unbehandelten Orange, 1 TL gemahlener Zimt, 60 g Walnüsse, fein gehackt, 60 g weiche Butter, 60 g feiner Zucker, 60 ml Olivenöl, 60 ml Orangensaft.

Für den Sirup: 70 g feiner Zucker, 2 EL flüssiger Honig, 1 TL gemahlener Zimt, 2 EL Orangensaft

Material
Waage, Backblech, Backpapier, Mehlsieb, Reibe, elektrisches Rührgerät, Rührschüssel, Esslöffel, Topf, Messbecher, Schaumlöffel

So wird's gemacht
Backofen auf 180 Grad vorheizen. Backblech mit Backpapier auslegen. Mehl und Backpulver in eine Schüssel sieben. Orangenschale, Zimt und die Hälfte der Walnüsse untermischen.

Butter und Zucker mit dem Handrührgerät cremig schlagen. Öl mit Orangensaft mischen und nach und nach unterrühren.

Mehl in 2 Portionen unterheben und mit den Händen zu einem Teig vermengen. Esslöffelweise zu Kugeln formen und auf das Blech setzen. Leicht abflachen und 20–25 Minuten goldbraun backen. Auf dem Blech abkühlen lassen.

Alle Sirupzutaten mit 60 ml Wasser und restlichen Walnüssen in einem kleinen Topf mischen. Bei mäßiger Hitze zum Kochen bringen bis sich der Zucker auflöst, dann bei geringer Hitze etwa 10 Minuten eindicken lassen.

Jeweils ein paar Küchlein mit dem Schaumlöffel über den heißen Sirup halten, mit dem Löffel Sirup darüber gießen, dann auf einem Teller anrichten.

Windräder aus Blätterteig

Das braucht man
1 Paket tiefgekühlten Blätterteig (6 Scheiben, 450 g), Aprikosenkonfitüre, Wasser

So wird's gemacht
Backherd auf 180 Grad vorheizen. Blätterteig nach Vorschrift auftauen, ausrollen und kleine Quadrate, ca. 12 x 12 cm, ausschneiden. Die Ecken ca. 5 cm einschneiden.

In die Mitte des Quadrates einen Teelöffel Konfitüre geben. Dann jede zweite Spitze zur Mitte falten. Damit die Spitzen gut „kleben", bestreicht man sie mit etwas Wasser und drückt sie gut an. „Windräder" auf ein mit Backpapier ausgelegtes Blech geben und bei 180 Grad 10–15 Minuten goldgelb backen.

1

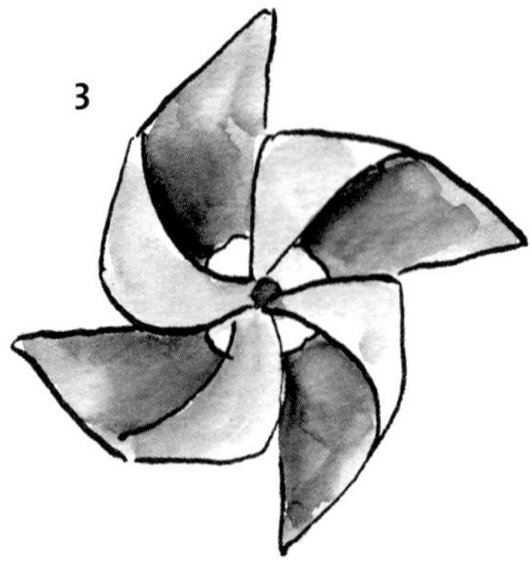
3

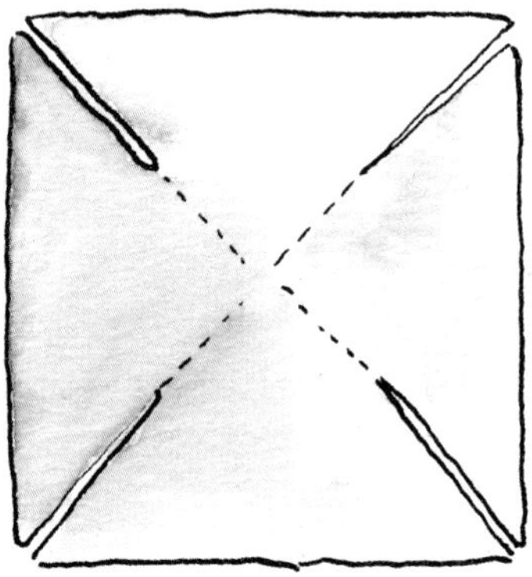
2

Griechischer Walnusskuchen

Das braucht man

Für den Teig: 125 g Butter oder Margarine, 3/4 Tasse Zucker, 1 Ei, 1 TL Vanilleextrakt, 2 Tassen Mehl gesiebt, 1 TL Backpulver, Prise Salz, 1 Becher saure Sahne

Für die Nussmasse: 1/2 Tasse Zucker, 1/2 Tasse grob gehackte Walnüsse, 1 EL ungesüßter Kakao

Material

Auflaufform in der Größe von 20 x 30 cm

So wird's gemacht

Für den Teig: Butter (Margarine), Zucker, Ei und Vanilleextrakt in einer Schüssel mit dem elektrischen Handrührgerät gut verrühren.

Mehl, Backpulver, Prise Salz sowie saure Sahne langsam unter die Masse geben. Die Hälfte des Teiges in eine gebutterte Form geben.

Für die Nussmasse: Zucker, Walnüsse und Kakao in einer Schüssel vermengen und die Hälfte davon über den Teig, der bereits in der Form ist, streuen. Restlichen Teig darüber streichen, sodass alles bedeckt ist und die verbliebene Nussmasse als Abschluss obendrauf streuen.

Im vorgeheizten Herd bei 200 Grad 35 Minuten backen. Kuchen auskühlen lassen und in kleine Vierecke schneiden.

Joghurt-Eis Ellada

Das braucht man

300 g Tiefkühl-Himbeeren, 2 EL Honig, 500 g Joghurt

So wird's gemacht

Die kalten Himbeeren zerkleinern, Honig in Joghurt unterrühren und mit den Himbeeren gut vermixen. In Gefäß füllen und in den Gefrierschrank stellen. Bevor die Masse fest gefroren ist, mehrmals aus dem Gefrierschrank nehmen und umrühren. (Das ersetzt eine Eismaschine)

Wolkenbaisers

Das braucht man
für 25–30 Wolkenbaisers

4 Eiweiß, 200 g sehr feiner Zucker, 1 Prise Salz, Mehl zum Bestäuben des Backblechs oder rechteckige Backoblaten

Geräte
Küchenquirl, Rührschüssel, Spritztüte mit Lochtülle

So wird's gemacht
Eiweiß in die Rührschüssel geben, mit der niedrigsten Stufe des Küchenquirls kurz anschlagen. Prise Salz hinzugeben. Geschwindigkeit auf mittlere Stufe erhöhen, Zucker langsam einrieseln lassen. Eischnee mindestens 10 Minuten mit der höchsten Geschwindigkeit des Küchenquirls schlagen bis eine schnittfeste Masse entsteht.
Eischnee in die Spritztüte füllen.
Backblech vorbereiten, entweder leicht einfetten und gleichmäßig mit Mehl bestäuben oder mit Backpapier auslegen. Den Eischnee auf das Blech oder auf Backoblaten spritzen.
Wollen Sie kleine Wolkengebilde spritzen, dann verschieden große Tupfer so nebeneinander setzen, dass sie beim Backen ineinander laufen.
Bei 50 Grad im Backofen mehr trocknen als backen. Die Baisers sollten zwar fest, jedoch nicht gebräunt sein!

Schokoladenmuschel

Das braucht man
gesammelte Muschelschalen, Vollmilchschokolade, grob gehackte Nüsse, Speiseöl, Pinsel, Töpfe für das Wasserbad, Rührlöffel, Teelöffel

So wird's gemacht
Muscheln ausbreiten und je zwei aufeinanderpassende Schalen aussuchen. Schalenpaare sorgfältig waschen und abtrocknen. Innenflächen der Schalen dünn mit Öl bepinseln. Schokolade im Wasserbad schmelzen und grob gehackte Nüsse unterrühren. Die Masse etwas abkühlen lassen und mit einem Teelöffel in die Muschelschalen füllen. Die zwei gefüllten Muschelschalen aufeinander klappen und im Kühlschrank fest werden lassen.

Süßes ABC – griechisch

Das braucht man für ca. 15 Buchstaben von 10 cm Höhe
300 g Mehl, ½ Tl Salz, 180 g Butter, 200 g Zucker, ein großes Ei

Belag: 200 g Puderzucker, einige El Zitronensaft, kleine Gummibärchen oder Gebäckschmuck

Geräte
Rührschüssel, elektrisches Handrührgerät, Mehlsieb, Backbrett, Backblech, Backpinsel, kleine Schüssel für Zuckerguss, Zitruspresse, Teelöffel, Waage; als Anschauungsmaterial: Griechisches Alphabet

So wird's gemacht
Butter und Zucker schaumig rühren, Ei zugeben. Löffelweise gesiebtes Mehl und Salz zur Masse geben und das Ganze zu einem Teig verrühren. Aus dem Teig fingerdicke Würstchen formen und daraus die Buchstaben des griechischen Alphabetes (→ S. 40) herstellen (auf bemehlter Arbeitsfläche).

In dem auf 200 Grad vorgeheizten Herd ungefähr 10 Minuten backen. Den gesiebten Puderzucker mit so viel Zitronensaft verrühren, dass eine dicke aber streichfähige Glasur entsteht und die noch warmen Buchstaben damit überziehen. In die noch weiche Glasur die Gummibärchen bzw. den Gebäckschmuck drücken.

Für das Elterncafe: Greek Coffee – Elliniko Kafé

Pro Tasse 1 gehäuften TL sehr fein gemahlenen griechischen Kaffee mit 1–2 TL Zucker und 1 Mokkatasse Wasser in einem Kupferkännchen oder langstieligen Töpfchen verrühren. Zutaten zum Kochen bringen bis der Kaffee schäumend aufsteigt. Dann den Kaffee mit dem Satz in die Tasse gießen.

Sirtaki – Reihentanz

Wie wär's denn zum Höhepunkt der griechischen Wochen und als Ausgleich zum üppigen griechischen Mahl mit einem Sirtaki, dem griechischen Reihentanz. Sie können diesen Tanz zu griechischer Volksmusik tanzen. Zum Schluss sollte die Melodie immer schneller werden, damit sich auch die Tänzer immer schneller im Kreis drehen können. Es gibt mehrere Möglichkeiten, den Sirtaki im Kreis zu tanzen:

- Die Kinder recken ihre Arme nach oben und fassen sich auf Kopfhöhe an den Händen. Alle bewegen sich mit einfachen Schritten zur Seite im Kreis.
- Alle legen die Arme auf die Schultern des Nachbarn und bewegen sich mit einfachen Seitschritten im Kreis.
- Alle reichen sich die Hände über Kreuz, d.h. rechte Hand fasst rechte Hand und linke Hand fasst linke Hand. Dann werden auch die Beine über Kreuz gesetzt und so geht die Bewegung im Kreis voran.

GREEK

KULINARISCHE ERLEBNISSE MIT KINDERN

Cordula Pertler, Eva Reuys

ITALIENISCHE WOCHEN

La dolce vita hält Einzug im Kindergarten. Denn was könnte schöner sein, als gemeinsam alle Lieblingsspeisen zu kochen und Neues auszuprobieren? Pasta, Pizza und Eis mögen alle Kinder. Spannend ist es, fremde Kulturen kennen zu lernen und sich dabei näher zu kommen.

ISBN 3-7698-1485-1

Cordula Pertler, Eva Reuys

TÜRKISCHE WOCHEN

Türkische Wochen im Kindergarten oder Hort können Brücken schlagen, Vorurteile abbauen und Gemeinsamkeiten entdecken helfen. Das gemeinsame Kochen türkischer Speisen fördert die Völkerverständigung.

ISBN 3-7698-1486-X

Jeder Band 96 Seiten, kartoniert, s/w-Illustrationen, Noten

FESTE FEIERN MIT KINDERN

ISBN 3-7698-1413-4

ISBN 3-7698-1386-3

ISBN 3-7698-1271-9

ISBN 3-7698-1272-7

ISBN 3-7698-1338-3

ISBN 3-7698-1441-X

ISBN 3-7698-1302-2

ISBN 3-7698-1259-X

ISBN 3-7698-1260-3

ISBN 3-7698-1303-0

ISBN 3-7698-1368-5